辽宁省普通高等教育本科教学改革研究项目

"思想政治教育专业（师范）基于'五真五进'的马克思主义理论教育模式改革与探索"

辽宁省"大中小学思政课一体化建设"专题教学设计丛书

# 弘扬时代精神
# 融入大中小学思想政治
# 理论课一体化
# 教学设计案例集

洪晓楠 谢晓娟 胡承波 丛书主编

李洪军 胡承波 王英伟 主编

辽宁人民出版社

**图书在版编目（CIP）数据**

弘扬时代精神融入大中小学思想政治理论课一体化教
学设计案例集 / 李洪军, 胡承波, 王英伟主编. -- 沈阳：
辽宁人民出版社, 2025.2. -- (辽宁省"大中小学思政
课一体化建设"专题教学设计丛书 / 洪晓楠, 谢晓娟,
胡承波主编). -- ISBN 978-7-205-11445-9

Ⅰ. D64

中国国家版本馆CIP数据核字第20251TM745号

出版发行：辽宁人民出版社
　　　　　地址：沈阳市和平区十一纬路25号　邮编：110003
　　　　　电话：024-23284325（邮　购）　024-23284300（发行部）
　　　　　http://www.lnpph.com.cn
印　　刷：辽宁新华印务有限公司
幅面尺寸：170mm×240mm
印　　张：15.5
字　　数：245千字
出版时间：2025年2月第1版
印刷时间：2025年2月第1次印刷
责任编辑：贾妙笙
装帧设计：琥珀视觉
责任校对：李嘉佳
书　　号：ISBN 978-7-205-11445-9

定　　价：70.00元

辽宁省"大中小学思政课一体化建设"专题教学设计丛书

# - 编委会 -

## 主　编

洪晓楠　谢晓娟　胡承波

## 编　委

（以姓氏笔画为序）

于海臣　马其南　王英伟　王明雪　王　建　王智莉

申淑征　刘　飞　刘继东　李洪军　张卫平　金国峰

胡承波　秦　明　袁　佺　贾玉明　钱英伟　徐丽曼

高　亮　蒋海彬　韩　影　谢晓娟　薛　孚

# 总 序

　　思想政治理论课是落实立德树人根本任务的关键课程，贯穿了国民教育体系的各学段。习近平总书记在学校思想政治理论课教师座谈会上强调，"在大中小学循序渐进、螺旋上升地开设思想政治理论课非常必要，是培养一代又一代社会主义建设者和接班人的重要保障"，提出"统筹推进大中小学思政课一体化建设"。党的二十大报告强调，"推进大中小学思想政治教育一体化建设"。在学校思想政治理论课教师座谈会召开五周年之际，习近平总书记对学校思政课建设作出重要指示，强调"深入推进大中小学思想政治教育一体化建设"。党的二十届三中全会通过的《决定》再次强调"推进大中小学思政课一体化改革创新"。

　　深入推进大中小学思想政治教育一体化建设，关系到"培养什么人、怎样培养人、为谁培养人"这个教育的根本问题。思政课贯穿人才培养的全过程，推进大中小学思政课一体化建设，是贯彻党的教育方针，肩负起为党育人、为国育才光荣使命的必然要求，是新时代党和国家推动思政课内涵式发展的一项重要部署，是思政课建设的时代要求和内在体现，是提高思政课教学质量及育人水平的必由之路，是落实立德树人根本任务的关键举措。如何针对不同学段学生的身心发展特点，遵循学生认知规律和教育教学规律设计教学内容、选择教学方法，是思政课教师面临的新任务和新挑战。

　　为进一步深入学习贯彻习近平总书记在学校思想政治理论课教师座谈会上的重要讲话精神，全面落实中共中央办公厅、国务院办公厅印发的《关于深化新时代学校思想政治理论课改革创新的若干意见》以及辽宁省委教育工委、辽宁省教育厅印发的《辽宁省进一步推进大中小学思政课一体化建设的若干举措》等文件精神，扎实推进辽宁省大中小学思政课一体化建设工作，辽宁省高校思想政治理论教育研究会、教育部大中小学思政课一体化共同体（辽宁省）面向全省各学校思政课教师开展了"大中小学思政课一体化建设"专题教学设计案例征集活动。

　　本次活动设立了九个专题，分别为坚持党的领导、传承中华优秀传统文化、弘扬时代精神、增强制度自信、铸牢中华民族共同体意识、法治中国建设、践行社会主义核心价值观、共筑国家安全防线、推进生态文明建设，大中小学不同学段思政课教师分别就以上专题融入大中小学思政课一体化设计教学案例。辽宁省高校思想政治理论教育研究会将教学设计案例征集活动中的优秀作品编辑出版，形成了辽宁省"大中小学思政课一体化建设"专题教学设计案例系列丛书。本套丛书按照一体化的思路，专题教学设计案例允分尊重各学段的不同特点，既强调各学段符合学生认知特点和教育规律的明显区分度，又强调循序渐进、螺旋上升的有效衔接度。

　　本套丛书是辽宁省在大中小学思政课一体化建设方面进一步探索与实践的成果，希望可以对广大教师在挖掘思政教育资源，推进大中小学思政课一体化建设等方面起到借鉴作用，为大中小学思政课一体化建设的高质量、内涵式发展作出一定的贡献。

　　由于时间仓促、水平有限，本套丛书中可能存在一些不足，望同行专家及广大读者批评指正。

2024 年 8 月

# 目 录

C O N T E N T S

# 爱与尊重并行

大连市甘井子区奥林小学　潘倩倩

## 一、课程基本信息

**主讲课程：** 道德与法治

**使用教材版本：** 人民教育出版社（2019版）

**教材章节出处：**《道德与法治》三年级下册第三单元《我们的公共生活》
第十课《爱心的传递》

## 二、教学设计概述

《爱心的传递》是教材第三单元《我们的公共生活》中的第三课，本课
有两个板块："我们都有爱心""善于帮助别人"。本课对应的课程内容：
关爱他人是道德教育的重要方面。虽然学生在日常生活中都有过助人或被
人帮助的经历，但是还需要通过回顾这些经历及体验进一步激发帮助他人的
意愿。因此本课确定了"体会日常生活中的关爱，愿意在日常生活中帮助他
人"的目标。

由于学生的生活阅历较少，虽然他们愿意在日常生活中帮助他人，但是
缺乏关爱他人的方法，这可能会导致他们在关爱他人时遭遇挫折，甚至出现
无意中伤害他人的情况。因此，确定了"学习关爱他人的方法和智慧"的目
标。

从情境入手，出示情境图，向学生提问：帮助别人是一种美德，我们接
受帮助的时候都会感到开心和感动，为什么这两位同学不愿意接受别人的帮
助呢？

引导学生发现两位学生虽然有爱心，却不善于助人的情境，揭示本课的主题关爱他人是要讲究方法的，我们不仅要有一颗主动帮助别人的心，在帮助别人的过程中也要学会正确地关爱他人的方法。

掌握智慧助人的方法，为学生能正确地与他人接触打下良好的基础，同时让学生牢记注意事项，为以后的社会生活打下坚实的基础。

## 三、学情分析

三年级是小学生心理变化的关键期，更是形成自信心的关键时期，他们在接受别人评价的过程中，能够发现自己的自身价值，产生兴奋感，自豪感，对自己充满信心，有的还表现出强烈的自我，肯定自我主张。同时成绩不佳等问题也会导致学生对自己失去信心，三年级的学生由于生活经验不足，很多知识都是靠教师讲授，随后自己在实践和讲授中不断融合，不断整理，不断内化。

好的学习以及行为习惯也是道德与法治课程重要的辅助。良好的行为习惯不是一节两节课就能培养的，为配合好道德与法治教学，要有一定的强化规范训练，结合教学制定每周每月的规范目标，使课堂热情延伸到课外，不断进行巩固，才能使学生更好地内化道德与法治知识。本课内容与学生关联较人，更要以学生为主体，让其通过具体的事例不断学习、探究。

## 四、教学目标

教导学生把道德规范内化于心，外化于行，在个人品德上要勤劳善良、宽厚正直、团结友爱，养成良好的个人美德及优良品行；文明礼貌，相互尊重，助人为乐，爱护公物，保护环境，遵纪守法，做社会的好公民。帮助学生掌握基本的交往礼仪，懂得个人成长离不开社会和他人的支持与帮助，要诚实守信。虽然学生在日常生活中都有过助人或被人帮助的经历，但是还需要通过指引学生回顾这些经历及体验，进一步激发学生帮助他人的意愿，进而达成"体会日常生活中的关爱，愿意在日常生活中帮助他人"的目标。

第二课时的教学意图是让学生认识到关爱他人是有方法的，需要不断学习。我们在生活中经常有帮助他人的行为，但是有的时候我们的好意却并不被别人所接受。在这一课程中，通过"说一说，演一演"等活动，在探究与讨论中帮助学生找出奉献爱心行为中的不足，从而改进方法，让学生能更好地与他人相处，同时让学生的爱心真正地为他人所接受。因此确定了"学习关爱他人的方法和智慧"的目标。

## 五、教学重点难点

### （一）教学重点

第一课时的重点是感受生活中各种不同的关爱，能在生活中主动传递爱。第二课时的重点是学习关爱他人的方法和智慧。

### （二）教学难点

本课的难点有两个，第一课时的难点是将关爱他人的行动落实在日常生活中。第二课时的难点是将关爱他人的正确方法和智慧用于日常生活中。在教学中一方面要注意引导学生思考在日常生活中可以做哪些力所能及的事情，结合学校已有的活动，将自己关爱他人的内在动力落实在行动中，从而强化这些内在动力。在第二课时上可以采用角色扮演的方法，直接模拟儿童的日常生活，有利于他们将关爱他人的方法运用于具体的生活中。同时注意事例选择的标准，要符合班级学生的情况。

## 六、教学设计总体思路

回顾导入，再次强化：我们应该为身边的人和事付出的一颗爱心。

新授课程，提出问题：关心和帮助他人是一门学问，有时你的好心帮助未必换来的是感谢，这是为什么呢？今天我们来继续学习。

出示情境图：图中的两位同学都遇到了困难需要帮助，但是他们都拒绝了别人的帮助，为什么这两位同学不愿接受他人的帮助呢？

探究原因：如果是你，你该如何解决？

教师小结：关心别人时，要了解别人真正的需要。

讨论交流：你从中学会了什么？

拓展提升：你还知道哪些帮助别人的智慧故事？

总结提升：谈谈这节课你的收获。

# 七、教学过程

## （一）教学流程设计

**环节一：回顾导入，循序渐进走入新知**

教师活动：

1.带领学生复习上一节课所学的知识。

2.提示同学们阅读资料并回答问题。

学生活动：回顾：爱是世界上最美的语言，我们要主动帮助别人，学会传递爱，做爱的传递者，创造更加美好和谐的社会。

设计意图：回顾旧知，在此基础上进一步学习帮助他人的智慧。

**环节二：新授知识，学习助人智慧**

教师活动：

1.提出问题：关心和帮助他人是一门学问，有时你的好心帮助未必换来的是感谢，这是为什么呢？今天我们来继续学习。

2.出示情境图：图中的两位同学都遇到了困难需要帮助，但是他们都拒绝了别人的帮助，为什么这两位同学不愿接受他人的帮助呢？

3.小结：我们在关心和帮助他人时，要用心了解他人的需要。

学生活动：

1.以小组为单位进行交流讨论，指出情境图上的两位同学处理不当的地方。

2.推选代表进行汇报，为什么需要帮助的同学不愿意接受帮助。如果想让他们接受帮助，我们应该怎样做。

3.小组合作，照着情景演一演。进行评比，谁的方法更好，更容易被别人所接受。

4.表演过后，适时回答老师的问题：为什么要接受他们的帮助？

5.畅所欲言。了解在帮助他人的同时，要真切地了解他人的需要，以平等的姿态对待他人，尊重他人，才会让需要帮助的人得到快乐和幸福。

设计意图：可以直接对接儿童的日常生活，有利于他们将关爱他人的活动运用于具体生活。

**环节三：阅读"相关链接"，总结帮助他人要注意的问题**

教师活动：

1.引导学生阅读"相关链接"。

2.提出问题，引发学生思考：你觉得老奶奶的要求合理吗？如何才能达到老奶奶的要求呢？

3.收集相关的故事：你听说过帮助他人却不讲方法的故事吗？引导学生以换位思考的方式来体会他人的需求和感受，在此基础上引导学生探索正确的关爱他人的方法。

4.梳理小结帮助他人时需要注意的事项：

（1）以平等的态度对待需要帮助的人。

（2）尊重他们的隐私和意愿。

（3）感同身受地了解他们的需要。

（4）以友善与热情的态度帮助他们。

学生活动：

1.阅读"相关链接"，阅读后交流，学生共同思考：老人可能会对志愿者说些什么？我们在帮助这些特定群体的时候有哪些需要注意的事情？

2.讨论后梳理总结。

3.收集汇报帮助他人却不讲求方法的故事。

4.小组合作交流总结：我们在帮助他人时需要做一些什么呢？先指明小组进行汇报，后续小组对先前小组所列出的注意事项进行补充。

设计意图：引导学生注意，面对像养老院老人等特殊的群体，在帮助他们的时候要了解他们的需要，讲求方式和方法。让学生能够积累一些生活经验。

**环节四：阅读助人故事，学习助人智慧。**

教师活动：

1.引领全班一起阅读"阅读角"《特殊的岗位》。

2.提出问题，引发思考：

（1）通过老师的举动，你体会到了什么？班主任为什么要这样做？

（2）班主任为什么不把真相告诉方明呢？

（3）在我们的班级生活中你是否观察到或者经历过一些被他人温暖的瞬间呢？

（4）在接受大家帮助的时候，你又有什么样的感受呢？

（5）你还知道哪些古今中外有关助人智慧的故事呢？

学生活动：

1.认真听故事，边听边思考问题。

2.梳理语言，进行汇报，讲述故事或自己的经历，感受被人关爱的温暖与美好。

3.分享蕴含助人智慧的故事。

设计意图：真正地让学生们能把所学到的知识运用到生活中的各个情境中去。使课本教学走出学校，走进学生实际生活。

（二）课堂小结

同学们，无论是得到关心帮助还是关心帮助他人都能获得快乐和幸福，所以我们要做一个爱的传递者。同时我们要知道关心和帮助他人是一门学问，我们在奉献爱心时也需要注意方式方法，了解他人真正的需要，做到会爱他人。

（三）板书设计

爱心的传递者

善于帮助别人

以平等的态度对待

尊重他们的意愿

了解他们的需要

（四）作业设计

探究在帮助他人的时候我们要注意什么。

（五）参考资料

[1]《雷锋的故事》纪录片。

[2]特殊岗位的故事。

## 八、教学总结与反思

在本节课中，教师努力建构平等民主的教学氛围，以倾听陪伴引导者的角色，引领学生加深对爱心的理解，通过教学环节力求突出重点，突破难点，达到教学目标。

所选取的事例范围较广，内容丰富，不仅丰富了课程资源，拓宽了学生的视野，更让学生感受到温暖瞬间背后都蕴含着爱。这些活动不仅有利于实现教学目标，更符合学生的心理特点。同时，通过整合教材唤醒学生的记忆，用生活中真实的场景引导学生真正懂得关爱他人，把教学内容扩展到学生的整个生活空间，让教学内容与社会实际有机结合起来，增强了课程内容的现实性与亲近感，使课本教学走学校，走进学生实际生活。调动学生多种感官，通过表演交流等各种活动与学生共同讨论交流，构建一个具体的生活情境，帮助学生加深对爱心的理解，掌握展示爱心的技巧，做到善爱会爱。当然本课中还有一些不足，比如教师评价语范围要广泛一些，不仅要评价结果，更要评价过程中学生的探索和思考创意等。

# 科技点燃梦想　　创新引领未来

沈阳市铁西区启工街第三小学　陆　妍

## 一、课程基本信息

**主讲课程**：道德与法治

**使用教材版本**：人民教育出版社（2019版）

**教材章节出处**：《道德与法治》六年级下册第四单元《让世界更美好》第八课《科技发展　造福人类》第三课时《科技让梦想成真》

## 二、教学设计概述

《科技让梦想成真》是统编版《道德与法治》六年级下册第四单元《让世界更美好》第一课《科技发展　造福人类》的第三课时。这一课教材的内容是介绍人类如何通过科技实现古老的飞天梦想，感悟科技是实现梦想的重要力量，由此引出科学知识、科学思想和科学精神的重要价值。同时，以中国的航天科技梦为例，展现了中国人对科技梦想的追求。这一课内容与党的二十大报告提出的"坚持创新在我国现代化建设全局中的核心地位，加快实现高水平科技自立自强，加快建设科技强国"的精神非常契合。

本课的教学设计能够落实《义务教育道德与法治课程标准（2022年版）》精神，以培育核心素养为旨，坚持以学为本为导、以学生生活为基、以具身参与为依。为了激发学生的学习兴趣，导入部分播放了"天宫课堂"的视频。在研究人类飞天梦的实现中，通过看图说梦想，学生感受科技让人类的飞天梦一步步变成了现实；在"中国航天梦"环节，为了让学生感受科技是怎样一步步将梦想变为现实，采用了时间轴的形式，并且图文并茂地进行梳理，让学生了解中国航天发展的历程，感受中国的航天成就，提升民族自豪感和自信心。通过科技工作者的典型事例，弘扬科学精神，激发学生为祖国科技发展做贡献的责任意识。创造性地使用教材，加入了沈飞集团和罗阳事迹的介绍，感受家乡为国家做的贡献，英雄就在我们身边，从而激励学生热爱家乡，立志为家乡、为祖国学习科学知识，尽自己能力实现个人的梦想，也实现家乡梦、中国梦。在课程最后设计了"心怀梦想　相约未来"的环节，让学生把自己写下的梦想封存，约定20年后相聚时开启信封，用做约定的方式调动学生向梦想奋进的激情，让学生持之以恒地追求梦想，将这节课所学内化于心，外化于行。教学内容环环紧扣，侧重培育学生的政治认同、道德修养、责任意识等核心素养；培养有志气、有骨气、有底气的新时代青少年。

## 三、学情分析

六年级的学生具有较强的搜索信息和处理信息的能力，具备一定的生活经验和认知基础。对于科技人物和科技成就，他们通过浏览网页、阅读书籍、观看相关影视资料或参观科技馆等方式，已初步认识和了解。但是他们对本主题的内容了解比较浅显。学生因为对科技人物的人生经历不了解，以至于难以理解科学家的科学精神，对科技成就的认知碎片化，难以用历史的、辩证的眼光看待科学技术问题。所幸，通过调查发现六年级学生对科学的学习兴趣浓厚，校园科技节、校外科技馆，都能看到学生积极参与科学活动的身影。并且科学学科、语文学科教材中也有相关内容。所以，根据教学目标和教材的核心问题、核心观点，结合学生实际情况，通过音频、视频、图文等资料充分调动学生的感官，在生动有趣的科技资料中，培养学生热爱科学的情感及崇尚科学的价值观。

## 四、教学目标

1.通过学习人类在飞行方面的探索历程，理解科学的实践和探索精神，认识科技是引领世界未来发展的重要手段。引导学生养成讲科学、爱科学、学科学、用科学的好习惯。

科技的一大任务就是改变世界，帮助人类实现梦想。因此设定第一个教学目标，要引导学生、培养学生讲科学、爱科学、学科学、用科学。

2.借助中国航天梦的实现过程，知道科学技术对航天发展的影响，体验科技带给中国航天事业的重大意义；了解了中国航天科技白手起家的艰辛历程以及取得的巨大成就，能够帮助学生初步理解党的二十大报告中"中国要加快实现高水平科技自立自强"的重要意义。第二个教学目标是激发学生的爱国热情，增进对国家科技发展的认识，激发民族自豪感，增强民族自信心。

3.通过科技工作者的典型事例，激发学生为祖国科技发展做贡献的责任意识，把个人理想与中国梦联系起来，为实现中华民族伟大复兴而努力学习。

习近平总书记指出，唯有精神上站得住、站得稳，一个民族才能在历史洪流中屹立不倒、挺立潮头。"两弹一星"精神、载人航天精神、探月精神等精神的力量，始终贯穿于中华民族的创新征程中。青少年是祖国的未来，是中华民族的希望。中华民族伟大复兴需要有更多人投身到科学研究和科技创新的实践中来，成为高水平科技自立自强的有力支撑，助力祖国实现世界科技强国的目标。因此设定了第三个教学目标。

## 五、教学重点难点

### （一）教学重点

借助中国航天梦的实现过程，知道科学技术对航天发展的影响，体验科技带给中国航天事业的重大意义，增进对国家科技发展的认识，激发民族自豪感，增强民族自信心。

本课的主旨是让学生理解科技是认识世界、改变世界、造福人类的重要力量，培养学生热爱科学的情感以及弘扬科学精神的价值观。因此要结合学生实际情况，灵活运用教材设计教学内容。让几乎没有相关背景知识，对人类飞行的探索、中国科技的发展了解有限的六年级学生认识到科技发展对于中国及世界的重要意义，这是本课的教学重点。

## （二）教学难点

通过科技工作者的典型事例，激发学生为祖国科技发展做贡献的责任意识，把个人理想与中国梦联系起来，为实现中华民族伟大复兴而努力学习。

科技工作者们在各自领域几十年如一日潜心钻研、深耕不辍，心中依靠的就是追求真理、永攀高峰的科学精神。只有通过科技工作者的典型事例，使学生从认知到情感，再到实践形成责任意识，才能突破教学难点，切实发挥道德与法治课的育人功能。

## 六、教学设计总体思路

通过太空课堂、人类的飞天梦、中国的航天梦、我的科技梦四个活动来完成本节课的教学，教学设计紧扣教学目标。从学生现有的经验出发，教学内容环环相扣，教学过程中的活动设计极大地激发了学生们的学习热情，让学生认识到科技的重要性，感受到科技的美好和强大；点燃了学生的追梦热情。利用多媒体功能，将航天科技的发展历程和国家科技成就融入课堂教学，生动地展现科技进步如何实现人类梦想，极大地提升了课堂的吸引力和教育效果。利用故事、图片等创设情境，开阔学生视野，提供直观、翔实的学习素材，或加以必要的提示，为学生搭建思维的"脚手架"。注重教学形式的多样性，设计操作性、实践性强的活动。让学生放飞思想，积极参与，让学生在自然和谐的状态中提高道德认识。注重在教学中培养学生的政治认同、道德修养等核心素养。

## 七、教学过程

### （一）教学流程设计

**环节一：观看"天宫课堂"，导入新课**

教师活动：

1.提问：大家喜欢做实验吗？乒乓球放到水里会怎样？我们来看这个实验的结果（播放"天宫课堂"片段），这个实验大家看过吗？谁来给大家介绍一下？

2.提问：这是在距地球400公里的中国空间站的王亚平老师给我们上的课，通过王老师的"天宫课堂"，我们体验了一回航天技术的神奇。人类曾经梦想能像鸟儿那样在天空中飞翔，今天，载人飞船已经在太空中遨游。是什么让梦想成真呢？（答案：科技）

3.提问：同学们还能列举其他科技让梦想变成现实的例子吗？

4.过渡：人类从来不缺少改变生活的梦想，科技是怎样推动这些梦想并一步步把它们变成现实的？今天让我们一起感受科技让梦想成真的力量！（出示课题）

学生活动：

1.观看"天宫课堂"片段。

2.介绍自己看过的"天宫课堂"实验。

3.列举生活中科技让梦想成真的例子。

设计意图：这一环节以科学小实验为内容展开谈话，"天宫课堂"的视频激起了学生的学习兴趣，准确地与本课主题"科技让梦想成真"联系起来。学生通过课前收集资料，课上交流分享，了解人类目前实现的美好梦想，进一步感受科技推动梦想成真的力量。

**环节二：人类的飞天梦**

教师活动：

1.提问：首先让我们来了解人类的飞行梦。教材第64页"活动园"有一组关于人类飞行探索的图文记录，请大家阅读并说说从中知道了什么。你能说一说每个阶段分别实现了什么梦吗？

2.出示课件，进行小结。

3.提问：从人类飞天梦想历程你感受到了什么？

4.小结：从人类飞天梦想的产生到"天问一号"成功着陆火星，漫漫长路，见证了科技推动人类梦想成真的巨大力量。

学生活动：

1.先自学"活动园"内容，再集体讨论得出每个阶段人类实现的飞行梦想。

2.学生谈感想。

设计意图：通过阅读、观察、讨论了解从人类飞天梦想的产生到"天问一号"成功着陆火星几个重要事件；感受科技推动人类梦想成真的巨大力量，同时感受人类追梦过程的不易。

**环节三：中国的航天梦**

教师活动：中国的航天梦

1.过渡：如今，我国的航天科技在不断发展。逐梦路上，我们究竟实现了哪些航天梦？

2.引导学生分小组分享交流：用自己喜欢的方式介绍中国航天领域的一项重大科技成果。

学生交流时，教师适时提问或者补充相关内容。如：

（1）"东方红一号"的发射为中国航天事业的发展奠定了扎实的基础和提供了宝贵的经验。所以，每年的中国航天日，就定在发射当天——4月24日。在往后的50多年里，最初参与"东发红一号"卫星项目的科学家们，带着摸索出来的航天技术，深入更复杂的领域，完成了一个又一个不可能完成的任务。

（2）推荐阅读：《天地九重》——杨利伟著。

（3）提问：为什么已经有了GPS，我们还要研究北斗卫星呢？（科技兴则民族兴，科技强则国家强。维护国家安全，参与国际科技竞争，需要我们大力推进科技创新，核心技术受制于人是最大的隐患，加快解决"卡脖子"技术攻关，把科技的命脉牢牢掌握在自己手中……）

3.提问：让我们一起来重温那些激动人心的历史时刻。看到这些激动人心的画面，你想说些什么？（播放相关视频）

4.小结：我国的航天事业从无到有，从小到大，从弱到强，从梦想到现实，用扎实的步伐和不懈的努力，把中国梦写到了外太空。

教师活动：航天技术的应用

1.人们对航天技术的探索与应用不仅仅局限于太空，也涉及我们生活的方方面面。（广播电视、通信、气象预报、国土普查、海洋观测、导航定位、防灾减灾、远程教育、农业生产、环境监测国民经济和社会发展的各个领域。）

2.你能举出航天技术在生活中应用的例子吗？看看这些都是什么？出示课件。

目前已经有4000多项航天科技成果运用到国民经济领域。我们在日常生活中已开始享受航天技术带来的便利。

教师活动：家乡助力中国科技梦

1.过渡：国家的发展，人类梦想的实现，都离不开科技的进步。我们的家乡辽宁也为祖国的强大贡献着自己的力量。神舟飞船、蛟龙号、C919国产大飞机、"复兴号"动车组，这些近年来我国在科技工业领域的卓越成就中有很多关键部件都是在辽宁制造的。

2.介绍沈飞集团为我国航空航天发展做出的贡献。出示课件。

沈飞生产了许多大家耳熟能详的歼击机，为我国航空武器装备的发展做出了重大贡献，被誉为"中国歼击机的摇篮"。

3.介绍罗阳的事迹及他的影响。

罗阳大家听说过吗？他是一位航空报国英雄。歼-15舰载机工程总指挥，沈阳飞机工业（集团）有限公司董事长、总经理。在执行任务时，突发疾病，在工作岗位上殉职。2012年，罗阳被评为"感动中国十大人物"。

4.小结：老师希望将来我们同学中也有人能成为沈飞的一员。祖国的蓝天将由你们来守护，遥远的星际将由你们去探索。

学生活动：

1.学生分享资料，感悟中国的航天成就。师生一起讨论。

2.分享之后，选择相应的图片，贴在时间轴上。

3.根据教师播放的视频，谈谈对我国航天事业发展的感受。

4.了解航天技术在生活中的广泛应用。

5.学生猜测日常生活中的物品与航天技术的关系。

6.了解家乡企业对我国航空航天做出的贡献。

7.了解家乡的英雄事迹，感受罗阳的爱国精神。

设计意图：以中国的航天梦为主，让学生通过汇报资料，梳理时间轴，了解我国是如何通过科技一步步实现飞天梦想的，感受科技是人类实现梦想的重要力量。同时，在了解我国航天事业发展的基础上，为我国的科技成就感到自豪。让学生了解家乡的英雄事迹，感受罗阳的爱国精神，对家乡和祖国的未来充满期望，愿意向英雄学习，用自己的力量为家乡和祖国做贡献。

**环节四：我的科技梦**

教师活动：

1.激励引入：了解了我国已取得举世瞩目成就的航天事业，你的心里是不是也滋生了一个科技梦？我们该如何实现梦想呢？

2.介绍"科技活动周"。

多姿多彩的世界，激发着人类无穷的梦想。为实现梦想，需要更多的人学习科学知识，弘扬科学精神，传播科学思想。出示课件。

3.提问：你参加过哪些科普活动？有些什么收获呢？

4.提问：刚才老师发现有几个同学课外知识非常丰富，想采访一下这几个同学，都是在哪学到的这些科学知识？

5.随着科技的发展，相信人类还有很多梦想会实现，那么你最期待实现的科技梦想是什么？谁先来说一说。请把你的科技梦想写在小卡片上。

学生活动：

1.谈谈参加活动的收获。学生说说自己的科技学习经历，激发学生科技创新的兴趣与动力，鼓励学生践行科技创新精神。

2.课后参观科技博物馆，参加学校的"机器人"社团活动，进行科学小发明小创作、趣味科学小实验，阅读书籍，观看科幻电影等。

3.学生说出自己的科技梦想，并把自己的科技梦想写在小卡片上。

设计意图：了解我国对于科普活动的重视，懂得参加科普活动可以学习到很多新知识，增强技能，拓宽视野。指导学生从课内走向课外，使课堂得以延伸。通过问答，让学生充分表达自己的科技梦，鼓励学生敢于有梦，勤于追梦，在学生心中埋下科技的种子。

**环节五：心怀梦想，相约未来**

教师活动：最后让我们把梦想封存，并约定20年后相聚时共同开启梦想袋，看看我们的哪些梦想实现了，聊一聊你为实现梦想做了哪些努力？

学生活动：将写着"我的科技梦想"的卡片收集在一起，封存到信封里。

（二）课堂小结

同学们，很高兴和大家度过了一次非常美妙的科技寻梦之旅，希望你们都能勇敢追梦，奔赴心中的星辰大海。同学们，加油！

（三）作业设计

1. 课前学习任务：请查找资料，用自己喜欢的方式介绍中国航天领域的一项重大科技成果。（提示：可采用思维导图、时间轴、手抄报、图片、视频等多种方式。）

2. 课后延伸作业：为2024年科技活动周制作手抄报。

活动要求：

（1）了解全国科技活动周的时间、目的。

（2）收集历届科技活动周的活动主题。

（3）小组学生分别收集2024科技活动周的相关信息，小组合作完成手抄报。

（四）参考资料

[1]"天宫课堂"乒乓球浮力消失实验。

[2]学习强国："东方红一号"相关资料，https://www.xuexi.cn/lgpage/detail/index.html?id=2708453174978652751&item_id=2708453174978652751.

[3]中国新闻社视频号：中国航天日视频。

[4]罗阳事迹介绍视频。

## 八、教学总结与反思

本课程设计善于开发利用课程资源，课堂教学开放鲜活。大胆地使用了有意义的并且是学生感兴趣的课程资源，突破难点。教学向学生的生活开放，学习内容从课内向课外延伸。学生能够了解中国航天发展的历程，感受中国的航天成就。适时提出问题，让学生思考、交流、探究取得成就的原因，认识到正是无数的科技人以热爱祖国、艰苦奋斗、无私奉献的精神作为动力，一步一个脚印将航天的梦想变为现实。以学生身边伙伴的科技学习经历为素材，让学生从小讲科学、爱科学、学科学、用科学。让学生了解，为实现梦想，需要更多的人学习科学知识，弘扬科学精神，传播科学思想。教学简洁流畅，思路清晰，层层递进，环环相扣。师生交流互动环境良好，体现了道德与法治教学的开放性与实践性。注重情感教学，彰显德育特色。

# 我骄傲　我是中国人

锦州北镇市沟帮子街道九年一贯制学校小学一部　毕记敏

## 一、课程基本信息

主讲课程：道德与法治

使用教材版本：人民教育出版社（2019版）

教材章节出处：《道德与法治》六年级上册第二单元《我们是公民》第三课《公民意味着什么》第三课时《我是中国公民》

## 二、教学设计概述

在设计教学中，上课伊始是以视频《乌克兰撤侨》引入，组织学生讨论"中国究竟有怎样的实力才能给国人带来如此大的安全感"，初步体会中国的强大以及作为一名中国公民的自豪感，从而激发学生学习的积极性。接着通过让学生学习教材知识、收集课外资料、小组讨论、分享交流等，感受我国社会主义现代化建设取得的成就，进一步体会作为中国公民的自豪感，并结合中国的各项成就和涌现出的典型人物、事例，理解我们中国人的家国情怀和民族精神。然后师生共同朗诵《我骄傲，我是中国人》（节选），升华情感，帮助他们树立为国争光的理想信念。

通过介绍护照相关知识以及中国维和部队、中国援外医疗队等例子，让学生感受到中国公民代表着中国形象，要从小事做起，要有中国的担当，要有大国的情怀和精神，懂得时刻维护祖国的形象和荣誉。接着拓展课程，组织学生讨论打算为祖国做些什么。从而鼓励我们青少年要奋发图强，让孩子们能自觉做个遵纪守法的中国公民，懂得责任和担当，明白现在学习的目的和意义。最后师生共同唱响我们的国歌，把自己是一名中国公民的自豪感推到高潮。

## 三、学情分析

六年级是小学生知识、能力、情感价值观形成的关键时期，他们对自我、他人、家庭、社会有了一些浅显的认识，养成了一定的良好的行为习惯。本节课开放性、活动性较强，大部分学生乐于学习，能积极参与到本节课的课内外的学习活动中去。学生收集的资料很全面，了解的中国成就也很广泛，通过了解中国在各个领域的成就，增强作为中国公民的自豪感。在此基础上，进一步引导学生正视公民身份，体会国家对公民的保护。培养学生的公民意识是国家、学校、社会、家庭等多方主体共同的任务。因此，教师应引导学生树立正确的公民意识，坚持正确的价值取向，强化对于中国公民这一身份的荣誉感和责任感。

## 四、教学目标

1.通过收集资料、合作交流，知道中国在经济、科技、体育等方面取得的成就，初步学会全面客观地了解事物。

2.了解护照上的信息及护照的作用，识记海外求助电话，懂得在境外如何做一个文明守法的中国公民。

3.通过学习榜样，交流体会，增强作为中国公民的骄傲与自豪感，自觉履行公民义务，维护国家形象，树立为"中国梦"添砖加瓦的理想信念。

## 五、教学重点难点

通过了解中国的各项伟大成就及学习榜样，激发作为中国公民的自豪感和责任感，能自觉维护中国公民的声誉和形象。

## 六、教学设计总体思路

### （一）视频导入，引自豪之情

播放视频课件《乌克兰撤侨》，组织学生讨论"中国究竟有怎样的实力才能给国人带来如此大的安全感"，初步体会中国的强大以及作为一名中国公民的自豪感。

### （二）了解成就，感自豪之情

让学生通过学习教材知识、收集课外资料、小组讨论、分享交流等，感受我国社会主义现代化建设取得的成就，进一步体会作为中国公民的自豪感。然后师生共同朗诵《我骄傲，我是中国人》，升华情感。

### （三）维护形象，为祖国添彩

让学生通过课件及讨论了解护照相关知识以及中国维和部队、中国援外医疗队等例子，感受到中国公民代表着中国形象，要有中国的担当。接着组织学生讨论打算为祖国做些什么？鼓励学生刻苦学习、奋发图强。

### （四）全课总结，展自豪之情

组织学生共同唱响我们的国歌，把学生对于自己是中国公民的情感推到高潮。

## 七、教学过程

### （一）教学流程设计

**环节一：视频导入，引自豪之情**

教师活动：

1.孩子们，通过之前的学习，我们已经知道了，我们都有一个共同的名字——中国公民。（板书课题）谁来说一说中国公民的含义是什么？

2.播放《乌克兰撤侨》视频。在撤侨事件中，中国究竟有怎样的实力才能给中国公民带来如此大的安全感？

学生活动：

1.回答中国公民的含义：凡具有中华人民共和国国籍的人都是中华人民

共和国公民。

2.观看视频后讨论中国究竟有怎样的实力才能在国际上有举足轻重的地位。

设计意图：复习旧知，让学生初步体会中国的强大以及作为一名中国公民的自豪感，从而激发学生学习的兴趣和热情，导入新课。

**环节二：了解成就，感自豪之情**

教师活动：

1.请同学们结合书上内容，了解中国近几年的成就。

2.以课件出示合作交流提示：

（1）请同学们组内展示、介绍自己收集的中国取得的成就。

（2）每组选一名代表用自己喜欢的方式以《我为我们祖国的____而骄傲》为题向全班同学汇报。

（3）小结:中国近几年取得这么多的辉煌成就真令我们骄傲。（板书：辉煌成就）

3.过渡：除了这些成就，我们中国近几年还取得了很多的世界第一。

4.课件展示：配乐朗读《中国的世界第一》。此时此刻，看到中国能取得这么多的世界第一，你有什么感受？（板书：骄傲自豪）

5.指导学生有感情地朗诵《我骄傲，我是中国人》。

学生活动：

1.学生自主学习书中中国取得的成就，然后汇报交流。

2.学生分组合作交流课前收集的资料，然后以图片、视频、手抄报等方式向全班同学汇报。

3.学生伴随着音乐齐读《中国的世界第一》，然后谈感受。

4.学生有感情朗诵。

设计意图：通过让学生收集课外资料、小组讨论、分享交流等，感受我国社会主义现代化建设取得的成就，进一步体会作为中国公民的自豪感。师生共同朗诵诗歌升华学生爱国的情感，树立他们为国争光的理想信念。

**环节三：维护形象，为祖国添彩**

教师活动：

1.课件出示护照。护照是我们在海外证明中国国籍和中国公民身份的证件。

2.如果我们在国外时护照丢了或遇到了紧急情况应该怎么办？

3.自觉维护国家形象。

（1）走出国门，每个人都是中国的名片，要自觉维护国家的形象。请同学们认真倾听下面的小故事，说说兰兰一家的行为做得对吗？他们应该怎么做？

（2）课件展示：兰兰和爸爸妈妈一起去瑞士旅游时在餐厅吃饭的故事。请同桌之间讨论、交流，然后汇报。

（3）孩子们，如果我们到了国外，还应该注意些什么来维护我们国家的形象呢？

（4）小结：我们走出国门，一定不能给祖国丢脸抹黑，要自觉维护国家的形象。（板书：维护形象）

4.为国争光添彩。

（1）很多中国人在海外也取得了很多成就，为我们的祖国增添了光彩，我们一起来看看。课件展示：中国派出很多援外医疗队参与抗击埃博拉病毒等公共卫生危机处置。中国维和部队在维护世界和平方面做出了巨大贡献。

（2）他们作为一个中国公民，取得了这么多的成就，也是在为我们国家增光添彩。（板书：为国添彩）

（3）小结：作为小学生的我们，虽然现在不能像科学家那样去搞科研，也不能像解放军叔叔那样去保家卫国，但是我们可以从身边的小事做起，你打算为我们的祖国做些什么呢？

学生活动：

1.根据课件内容学习护照上的相关信息。

2.学习"12308外交部全球领事保护与服务应急热线"相关知识。

3.学生看完课件后根据课前查阅的资料，自己说说在海外还有哪些人取得了巨大的成就，然后畅所欲言，谈自己的打算、做法。

设计意图：让学生感受到中国公民代表着中国形象，懂得时刻维护祖国的形象和荣誉；鼓励学生自觉地把自己的成长同祖国的命运结合起来，自觉做个遵纪守法的中国公民，懂得责任与担当。

**环节四：全课总结，展自豪之情**

教师活动：最后让我们怀着对祖国的热爱之情，唱响我们的国歌！

学生活动：跟随课件齐唱国歌。

设计意图：进一步升华情感，把学生对于自己是中国公民的自豪感推到高潮。

**（二）课堂小结**

孩子们，我们是中国公民，我们为祖国感到骄傲和自豪。让我们珍惜公民身份，从我做起，从小事做起，共同维护中国公民的良好形象。在未来，祖国会因你们而更加强大，也会因有你们而更加骄傲！

**（三）板书设计**

> **我骄傲　我是中国人**
>
> 辉煌成就　　骄傲自豪
> 维护形象　　为国添彩

**（四）作业设计**

和爸爸妈妈交流中国取得的各项成就，并预习下一课的知识。

**（五）参考资料**

[1]中华人民共和国教育部：《道德与法治课程标准》，北京师范大学出版社，2022年。

[2]《让祖国的花朵茁壮成长》，人民日报，2020年6月1日1版。

# 八、教学总结与反思

在这节课中，孩子们在轻松愉悦的氛围中，感受到我们祖国的强大，认识到祖国的命运时刻牵动着我们的心，激发了学生的爱国热情。在以下方面

做得比较好：

1.设计好教学目标，落实立德树人的根本任务

习近平总书记强调要上好思政课，并指出："情怀要深，保持家国情怀，心里装着国家和民族，在党和人民的伟大实践中关注时代、关注社会，汲取养分、丰富思想。"

在这节课上，学生通过自主学习、收集资料、合作探究等，感受到了作为中国公民的骄傲。特别是设计"了解成就，感自豪之情"的环节，让学生懂得没有从天而降的英雄，只有坚持不懈、勇于拼搏的凡人。

2.通过开放的课堂，发展学生合作探究的能力

道德与法治课程具有综合性、实践性、开放性的特点。课前我让学生收集我国社会主义建设在各项领域的最新成就，课上让他们合作交流，分享自己收集的资料。这样他们在学习知识的过程中，不仅培养了合作探究的能力，而且体验了教材与生活的紧密联系，提高了课堂教学的有效性。

在本课的教学过程中，我注重多给学生在课堂上表达自己想法的机会。大部分孩子能积极地参与到活动中来，但是也有小部分同学没有抓住展示自己的机会。究其原因，在于我平时对他们指导不到位，课堂上激励手段单一，评价语言不够丰富，要在这些方面继续加强研究。

在今后的教学中，我将继续发扬优点，修正不足。在不断学习和探索中，将道德与法治课堂打造成为学生学习知识、实现道德成长的重要平台。

# 新时代下中国各项成就和幸福生活

沈阳市法库县包家屯镇中心小学　陈月娇

## 一、课程基本信息

**主讲课程**：道德与法治

**使用教材版本**：人民出版社、人民教育出版社（2021版）

**教材章节出处**：《习近平新时代中国特色社会主义思想学生读本》小学低年级版第三讲《走进新时代》第一课时《新时代　新生活》

## 二、教学设计概述

依据课程标准，道德与法治课程要培养的核心素养主要包括政治认同、道德修养、法治观念、健全人格、责任意识。本节课主要对核心素养方面的政治认同、道德修养、责任意识方面进行强化。以视频、图片、谈话等方式加深学生对祖国的了解和热爱。

本课授课学段为第二学段，是小学低年级段向高年级段的过渡期。学生已经适应了学校生活，生活视野进一步扩大，具备一定的独立意识。结合教材设计意图即通过衣食住行、科技成果、基础建设等多方面介绍，让学生切实感受到中国特色社会主义进入了新时代，我们国家发生的翻天覆地的变化。通过教师多种方式介绍引导，学生能从书本中走出来，去真实感受祖国的强大；了解家乡发展和国家建设取得的重大成就，能够增强民族自豪感，践行社会主义核心价值观；对伟大祖国、中华民族、中华文化、中国共产党、中国特色社会主义有强烈认同感。这是本课的教学目标的体现。

考虑到此学段学生对系统理论知识和词汇理解力有限，所以在进行教学设计构思时，充分考虑学生接受能力，从实际出发，把书中内容用"列车"贯穿，以"列车站牌"形式讲述书中板块内容。把轻松、活泼气氛注入课堂，再结合图片、视频等方式，深入浅出，帮助学生理解相关知识。

## 三、学情分析

新时代"新生活"的美好，体现在多个方面。低年级的学生眼界不够开阔，理解"新生活"不够透彻，需要教师借助教材范例，引导学生通过询问家长或者查阅资料等方式，多角度地发现生活的变化发展，去体会祖国的繁荣富强。在此基础上，进一步引导学生为建设社会主义现代化强国贡献力量。

生长在新时代的儿童，从小享受丰富的物质和便利的生活条件，他们没有体会过物资贫乏和生产落后给生活带来的窘迫。但是随着年龄的增长、知识储备量的增加，高年级学生会更好地理解和感受本课内容的精神力量。所以本课内容对学生认知影响的重要意义会随着学生长大而逐步体现。授课前如果让学生能够进一步了解中国落后时候的面貌，会加深他们对"新生活"美好的体会。同时延伸课堂教学内容，引导学生通过采访父辈、祖辈，了解他们小时候的生活状况，在对比中体会新旧时代的变迁、中国共产党为人民生活带来的改变，从而更加珍惜今天的美好生活。

## 四、教学目标

本册教材安排合理，逻辑清晰。本课程是书中第三讲，正是第二讲《一心跟着共产党》的内容延伸。即中国共产党带领中国人民在革命、建设和改革的伟大实践中奋勇抗争、艰辛探索、顽强奋斗，中华民族迎来了从站起来、富起来到强起来的伟大飞跃。经过长期努力，中国特色社会主义进入了新时代。让学生着重感知新时代下的各项成就和幸福生活。对帮助学生树立正确的世界观、人生观、价值观有着正面作用，是与学生政治认同等核心素养的培养非常契合的教学内容。

道德与法治学科课程教材要发挥培根铸魂、启智增慧的作用。强化课程育人导向，体现对正确价值观、必备品格和关键能力的培养。结合学生实际，安排学生通过查找资料、询问老一辈人等调查方法收集、交流现在美好生活的事例，感知今天幸福生活。再以"新时代"号幸福列车情境贯穿整堂教学内容，通过大量图片、视频等资料展示，让学生从认知上发生改变，切身感受今天的美好生活是党和人民不懈努力的结果，增强民族自豪感，从而达到预设教学目标。

依据2022年版课程标准中在课程实施（一）教学建议环节提到要立足核心素养，制定彰显铸魂育人的教学目标，参考课程标准并钻研教材后制定如下教学目标。

1.在收集交流照片和观看出行小视频情境下，了解新中国成立以后我国社会主义建设取得的翻天覆地的变化。培养收集、整理、合作、表达能力，学会自主学习、归纳整理，提高语言表达能力。

2.进一步增强对中国共产党领导全国各族人民发愤图强，为中国人民谋幸福，为中华民族谋复兴的强烈认同感。

3.从祖国的发展变化，感受中国特色社会主义进入了新时代，祖国发生了翻天覆地的变化。学会用发现美的眼睛寻找身边的美好。培养爱国之情，并为祖国的强大而自豪。

4.在"新时代"号列车情境中，感受祖国人民的勤劳与智慧，珍惜现在的幸福生活，严格要求自己，立志做新时代好少年，为建设祖国贡献自己的力量。

## 五、教学重点难点

### （一）教学重点

低年段学生理解新时代的含义会有一定难度，理解不够透彻，需要教师通过讲解和举例等多种方式引导学生联系实际生活去感悟。重点引导学生多角度地发现生活的变化与发展，体会祖国的繁荣富强。在此基础上，进一步引导学生为建设社会主义现代化强国贡献力量。

### （二）教学难点

新时代的儿童，从小享受丰富的物质和便利的生活条件，在新时代下，对现有生活美好感知不强便成为本课教学难点。这里就需要教师安排学生通过采访父辈、祖辈，了解他们小时候的生活状况，在对比中体会新旧时代的变迁后，再引导学生感受现在的生活，从而更加珍惜今天的美好生活，并树立伟大的理想目标。

## 六、教学设计总体思路

本课选自小学低年级版《习近平新时代中国特色社会主义思想学生读本》第三讲内容。本讲内容共2课时，第一课时《新时代　新生活》；第二课时《新时代　新征程》。本讲内容基于"以人民为中心"的发展理念和价值取向，围绕"走进新时代"，从经济、政治、文化、社会、生态等方面引导学生了解新时代的变化，知道"两个一百年"奋斗目标的发展蓝图，树立为建成社会主义现代化强国而努力学习的志向。最后号召新时代的少年做建设社会主义现代化强国的生力军。

第一课时《新时代　新生活》分三个情境展开教学：情境一，根据学生课前资料收集、交通方式小视频两种启发方式导入案例，简单交流后引导学生思考新时代人民生活的变化体现在哪些方面，初步感知新生活；情境二，教师利用"新时代"号幸福列车情境，引导学生们从衣食住行、科技成就、军队国防等方面，多角度地深入体会进入新时代国家发生的翻天覆地的变化，体会新时代人民的生活更美好，懂得珍惜新生活；情境三，情感升华，在感受到祖国进入新时代后，我们每天都在享受着幸福的生活，心中的感激和自豪化为歌声，唱出对祖国的爱。

由于低年级学生身心尚不成熟等因素，他们对比较抽象的概念等理解起来有一定难度，对国家、社会制度、民族自豪感等的理解就需要老师深入浅出、多样化的讲解。只有把爱国教育和学习习近平新时代中国特色社会主义思想融入学生生活中去，才能让他们更好地理解和领会。

## 七、教学过程

### （一）教学流程设计

#### 环节一：课前导入

教师活动：

1.调查学生上学选择的出行方式。

2.激发学生好奇心。想不想知道老师小时候出门都是选择什么交通方式呢？播放课前导入动画小视频。

3.针对交通工具变化进行小结。

4.随机选取学生回答怎样来上学，根据实际情况说出答案。

学生活动：

1.一起观看交通工具演变动画小视频，初步感知从交通工具的变化感受祖国的发展；感受时代变迁给人民生活带来的便捷和幸福感。

2.小组内交流展示课前收集的自己家或村子里老房子的照片，谈谈感受；组内交流感受房子的变化意味着生活条件的改善。

设计意图：用调查学生上学方式和展示老房子的照片引入课程，贴合学生实际，且容易调动学生情绪。在问答后趁热打铁播放交通工具演变动画小视频和展示房子老照片活动，来初步感知祖国翻天覆地的变化。以上活动为新授课程内容做好铺垫，让学生带着欣喜与期盼进入新课，对接下来的学习内容起到抛砖引玉的作用。

#### 环节二：新知讲授

教师活动：

1.我们现在的幸福生活象征着我们国家进入了新时代，新时代的祖国还有更幸福的事，今天老师当一把列车长，带领大家搭乘"新时代"号幸福列车一起来了解一下我们强大的祖国。幸福列车出发啦！

2.开启"新时代"号幸福列车学习旅程。

学生活动：充满期待，和教师一起开启学习旅程。

教师活动：我们都说民以食为天，今天就让我们来看看新中国成立以来我国粮食产量的变化。列车第一站：粮食生产连年丰收。

1.找同学读一读书中第20页的话。

2.播放中国近20年粮食产量增长视频，感受粮食产量和生产力水平的提高。

3.讲解数字背后的含义，让学生明白粮食增长是我们餐桌营养、多元化的有力保障。

学生活动：

1.全班自由读，再找同学读一读，了解学习内容。

2.观察出示的图片，直观感受数字变化背后是中国几代人辛勤耕耘换来的粮食丰收。

3.贴合实际生活，明白粮食生产和我们息息相关。

教师活动：说完餐桌我们来说说出行，列车到达第二站：基础建设发展迅速。

1.近30年来，我国的公路、桥梁等建设力度和速度突飞猛进，取得了举世瞩目的成就。

2.介绍拉林公路。

3.播放港珠澳大桥视频，让学生了解书中的重点工程。

4.小结：基础建设为人们出行带来更多便利。

学生活动：

1.有了课前引入视频作为铺垫，大体了解书中提到的重点工程。

2.感知拉林公路的美。

3.通过观看视频了解国家重点工程。由于地区因素等多方面原因，孩子们几乎没有实地去看过这些工程，通过观看视频能进一步直观了解工程的伟大。

教师活动：出行这么方便，那我们就一起去看看我们祖国的大好河山，列车第三站：青山绿水生态中国。

1.出示图片，展现祖国的大好河山、田园风光。

2.一起说说我们周围的环境有哪些新变化？

3.我们为保护环境都做了哪些事情?

4.小组讨论:身边还有哪些保护环境的措施?

5.出示习近平爷爷的话,全班齐读。

学生活动:

1.观察书中图片,感受山水中国。

2.联系身边环境,发现身边的美。

3.思考,回答问题。

4.进行小组讨论,集思广益,汇报大家的想法。

教师活动:说起出行,老师可知道一位厉害人物——孙悟空,他一个筋斗十万八千里,可上天入地。而如今我们也能像他一样上九天下五洋。列车前方到站:科技成果相继问世。

1.出示天眼图片,介绍相关知识。

2.介绍嫦娥探月、天宫等中国的重大科技成果。

3.播放《海天对话》视频,让学生了解蛟龙号。

学生活动:

1.观看图片,了解相关知识。

2.感受祖国科技的伟大进步,增强民族自豪感。

3.观看视频,了解上天下海的科技成果。

4.理解"可上九天揽月,可下五洋捉鳖"含义,并为之骄傲。

5.理解书中小女孩的话,懂得科学技术的重要性。

教师活动:幸福列车继续出发,下一站:"钢铁长城"保家卫国。

1.出示国外因战乱而流离失所的孩子,让学生与在学校快乐学习的图片进行对比,感受今天的幸福生活。

2.出示书中相关图片,播放戍守边关战士的视频,让学生感受他们是国家和人民利益的忠诚捍卫者。

3.出示武器装备图片,展现祖国国防的强大。

4.理解习近平爷爷的"气"和"钢"。

5.小结:军队和武器装备是国防安全的重要保障。

学生活动：

1.通过观察图片来形成对比，明白今天的幸福生活来之不易。

2.直观感受边疆战士为了保家卫国不怕吃苦、不怕牺牲的精神。

3.武器装备图片直观形象，容易激起孩子兴趣。

4.初步理解"气"和"钢"含义。

5.明白新时代强军目标，更有利于保障国家安宁。

教师活动：本次列车终点站：新时代下美好生活。

1.我们每天都享受着新时代下的新生活。结合书中内容从身边说起，讲讲新时代下我们的生活都有哪些变化？

2.小结：我们要珍惜现在的幸福生活，努力学习，为实现中国梦贡献自己的力量。

学生活动：

1.积极回答问题，抒发感想。

2.联系实际生活，畅所欲言。

设计意图：用"新时代号"幸福列车贯穿整堂课，能吸引学生注意力，激发学生兴趣。让学生全程充满期待，在列车行驶过程中感受中国特色社会主义进入了新时代后，国家发生的翻天覆地的变化，不知不觉中了解本节课的学习内容。增强趣味性，激发学生内在思想变化。

### 环节三：布置课堂作业

教师活动：

1.在以上谈话基础上布置今天课堂作业。

2.完成课后小调查：在家人眼中，新时代的"新"又是什么呢？

学生活动：听老师布置作业，认真完成。

设计意图：更好地完成课上课下衔接，布置调查作业既锻炼学生口语交际能力，又能通过使其亲自实践去获得答案，体会成功的喜悦。通过调查得知答案，便更容易理解新时代下美好生活在每个人眼中都是不一样的，能从多视角感受新时代美好生活。

**环节四：总结强化**

教师活动：

1.本节课有哪些收获？

2.教师总结新时代国富民强的美好生活。

3.播放强国视频，让学生再一次感受今天的中国从站起来、富起来到强起来的伟大飞跃。

学生活动：

1.自由汇报，回忆本节内容。

2.听教师总结，感受祖国的美好。

3.观看强国视频，激发爱国情感。

设计意图：教师通过语言总结，引导学生了解美好生活源自中国共产党和中国人民不懈努力。通过播放视频，烘托气氛，使学生深受感染，从而升华情感，让学生理解当下新时代新生活的美好。

**环节五：唱响《万疆》**

教师活动："新时代"号列车今日已到站，下节课我们再出发，一起踏上"新时代　新征程"。让我们把对党和祖国的热爱化为歌声，唱响《万疆》，结束本课。

学生活动：再度升华情感，大声歌唱。

设计意图："新时代"号列车既贯穿本课始终，又为下节课内容做铺垫，最后把心里的感激和自豪之情化为歌声，更能让学生记忆深刻。

**（二）课堂小结**

本课知识点丰富、涉及的知识领域极广。在第一站粮食生产连年丰收环节，学生对数据变化背后的意义理解有困难，需要教师通过多种教学方法引导学生循序渐进地了解相关知识。其他各个教学环节过渡自然，在引发情感共鸣时教师语言还要富有感染力，这样更能加深学生对内容的理解。

## （三）板书设计

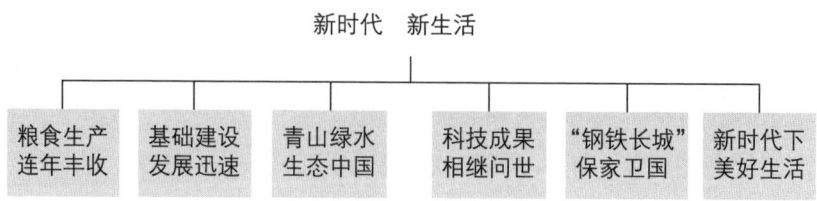

## （四）作业设计

本课布置的作业为实践性作业，将课上内容延续至课下。预计谈话时间10分钟左右。学生通过自己对长辈的谈话调查活动，既可以增强与人沟通能力，又可以切身感受到调查结果的可信度，从而更加深切感受到自己身处的新时代的美好与幸福。也为下一节课内容做铺垫，向"两个一百年"奋斗目标继续奋进，让自己成为担当民族复兴大任的时代新人。

## （五）参考资料

[1]中华人民共和国教育部：《义务教育道德与法治课程标准（2022年版）》，北京师范大学出版社，2022年。

[2]中共中央党史研究室：《中国共产党历史.第1卷》，中共党史出版社，2002年。

[3]中共中央宣传部：《习近平新时代中国特色社会主义思想学习问答》，学习出版社、人民教育出版社，2021年。

[4] 粮食生产总量数据增长视频，央视网，2023年10月。

[5] 港珠澳大桥视频，人民日报官方账号，2018年10月。

[6] 海天对话视频，北京广播电视台，2023年6月。

[7] 戍边战士视频，中国军事网，2017年9月。

[8] 强国视频，新华网，2022年9月。

## 八、教学总结与反思

这堂课的教学让我收获颇多。

首先，让我意识到自己应多关注科技成果等方面知识。在了解本课教学内容后我进行了大量资料查阅，想尽可能多地让学生了解相关知识，所以本次授课也成为我增长知识的契机。

其次，在实际授课过程中我也有很大收获。各教学环节基本达到预期效果。课堂内容紧凑，简单明了。不足之处在于授课中我的语言组织能力还有待提高，在调动学生情绪方面还需加强，最后的总结升华环节欠缺情感。整堂课教师语速较快，不够沉稳。在今后教学中我还要继续锻炼、学习，克服紧张心理，争取在语言上和环节设计上更贴合低年级学生特点。

最后，学生在听课过程中注意力专注、纪律较好，基本能跟住教师思路。但由于低年级学生生活经验少和对事物感知能力差等原因，他们对本课个别内容不是很感兴趣，互动环节效果没有达到预期。鉴于本课课堂效果，我会在以后教学中考虑学生的接受能力和认知能力等，做出更符合学生特点的教学设计。

# 红船启航　　开天辟地

大连理工大学附属学校（圣克拉校区）　刘晓玉

## 一、课程基本信息

主讲课程：道德与法治

使用教材版本：人民教育出版社（2019版）

教材章节出处：《道德与法治》五年级下册第三单元《百年追梦　复兴中华》第九课《中国有了共产党》第一课时《开天辟地的大事变》

## 二、教学设计概述

本节《红船启航　开天辟地》选自部编版《道德与法治》五年级下册第三单元《百年追梦　复兴中华》中第三课《中国有了共产党》的第一课时。

新课程标准中关于"政治认同"提出：简要了解中国共产党的历史和革命传统，了解中国共产党带领人民彻底摆脱了被欺负、被压迫、被奴役的命运，成为国家、社会和自己命运的主人。教材帮助学生了解从马克思主义的传入到中国共产党成立的历史，尤其强调了马克思主义的传播和五四运动的重要影响，以及中国共产党诞生的伟大意义，歌颂革命烈士宁死不屈的斗争精神和五四青年的爱国情怀。在教学设计的思路方面，以最新版课程标准为基础遵循，紧密围绕本课的教学目标展开教学设计。在教学内容和活动的选择上，充分考虑五年级学生的认知水平和心理特点，以确保他们能够理解和接受所学知识。环节中注重以下几个方面：一、采取启发式、讨论式、案例分析式等多种教学方法，以激发学生的学习兴趣和主动性。如启发式教学：考虑到小学生的认知水平尚未完全成熟，因此本课以《错位时空》的微课视频穿越时光机的情境创设，激发学生的兴趣和思考，促进他们的自主学习和思维发展，使其能够主动阅读、主动思考，从而使教学内容更容易被理解和吸收。讨论式教学：通过引导学生就历史事件进行讨论，培养其独立思考和合作交流的能力。案例分析教学：选取典型的历史事件进行剖析，帮助学生深入理解中国共产党的历史地位和贡献。二、重视情感教育的渗透。对于学生来说，五年级正是他们历史意识培养的关键时期，因此在设计中通过讲述革命先辈的事迹、重要历史事件，"畅想2036"与未来的自己对话等方式，引导学生树立正确的政治信仰和行为准则，不仅能增强学生的历史责任感，还能促进其爱国情感的深化。三、在信息技术2.0的支持下采取互动式教学，采用差异化教学的策略。每个学生都有其独特的学习方式和节奏，因此灵活运用多种教学手段，如故事讲述、图片展示、小组讨论等，以满足不同学生的学习需求。同时还根据学生的实际情况进行差异化教学，尽最大可能使每个学生能够在教学过程中得到有效的学习和成长。

在教学设计中，还注重家校共育。家庭是孩子成长的重要环境，家长的支持和配合对于教育的成功起着至关重要的作用。通过教师与家长的密切合作，我们能够更好地关注和满足每个学生的学习需求，从而达到教育的最终目标。所以在课前准备中设计了学生邀请家人一同观看《建党伟业》，结合之前学习的第七、第八课中国共产党成立前的历史背景，与家人互动交流，完成课前学习单；根据学习单要求查阅五四运动、中共一大等相关历史资料的环节。

## 三、学情分析

五年级的学生已经初步养成了良好的学习习惯，认知能力、理解能力都有较大程度的提升。学生在生活中，通过父母、长辈和其他学科的学习，都经受过红色思想的熏陶和洗礼，简单了解了与共产党相关的革命故事，初步认识了党旗等基本知识，但对于近代中国的历史和党的成立仍不甚了解。通过前几课的学习，学生能够了解从鸦片战争到辛亥革命以来中国革命的探索，对中国共产党成立前的相关历史背景有了初步掌握，这为学习本课提供了一定基础。从革命传统教育的角度，学生对本课时的有关内容会有片段性的了解。受知识范围和理解能力的限制，学生对中国共产党成立的意义理解会存在一定的困难。因此教学中需要教师通过多方面、多形式的资料和解读帮助理解。

## 四、教学目标

1.创设穿越时光情境，学生了解马克思主义的传播、五四运动、共产党早期组织的建立，知道中国共产党党旗、党徽是党的象征和标志。

通过情境创设，运用老胶片效果展示历史，引入大量视频资料。小组交流资料，了解十月革命、巴黎和会、五四运动的相关史实，知道中国共产党的创建是历史的必然选择。

2.知道中国共产党的成立是一个开天辟地的大事件，中国共产党代表着工人阶级和广大人民群众的根本利益。

通过查阅李大钊不惧死亡的原因、五四运动、巴黎和会不平等待遇等相关资料，锻炼分析问题、总结提升的能力；学会运用历史的、辩证的、发展的眼光看问题；了解党的百年历程，理解中国共产党诞生的伟大意义，加深对中国共产党的热爱之情。

3.感悟以毛泽东为代表的共产党人的红船精神。

通过交流感受、"畅想2036"与未来的自己的时空对话，首尾呼应，了解党的百年历程，传承革命精神，植育爱国情怀。培养道德与法治学科的核心素养，热爱伟大的祖国，增强对中国共产党的热爱之情，自觉铸牢中华民族共同体意识，有以实现中华民族伟大复兴为己任的使命感和责任担当，传承红船精神，成为德智体美劳全面发展的社会主义建设者和接班人。

## 五、教学重点难点

### （一）教学重点

学生了解马克思主义的传播、五四运动的爆发、中国共产党的成立等重要史实。

通过简单易懂的形式帮助学生梳理中国共产党的成立史实。由于小学生的认知水平和理解能力有限，因此需要用通俗易懂的语言，结合具体案例和生动形象的教学资源，进行直观、简明的阐述，确保学生能够理解和接受所学内容，锻炼他们的团队合作精神。

（二）教学难点

学生了解中国共产党成立初期的历史背景，懂得中国共产党的诞生是开天辟地的大事，是历史的必然选择；增强对中国共产党的热爱之情，传承红船精神。

小学生的政治认知水平有限，他们对于政治概念和理念的理解需要经过时间和教育的积累。因此在教学中我们需要通过生动且形象的多元方式，结合具体的案例和生活中的实际经历，向学生传递正确的政治观念和信仰，引导他们树立正确的政治信仰和行为准则，为成为新时代有理想、有本领、有担当的青少年，成为社会主义事业的坚定支持者和建设者奠定坚实基础。

## 六、教学设计总体思路

本节课在教学过程中，共设计了五个教学环节。

### 环节一：创设情境导入，穿越时光，激发兴趣

本节课以五四特别版《错位时空》视频为导入，带领学生进入时空隧道，穿越时光，了解当时的中国，与历史对话。通过提出"当我们穿过百年时空，与这段历史相逢，我们发现带领中国发生翻天覆地变化的正是这面旗帜"，引导学生意识到中国共产党对人民的重要意义，进而向学生提问中国共产党的诞生时间，导入新课，并板书课题。

### 环节二：指路明灯——马克思主义的传播

结合课前学习单，进一步了解当时的时代背景。利用老胶片放映机模式滚动播放图片等形式将近代中国的屈辱历史进行呈现，激发学生思考救国之路，引导学生理解马克思主义的传播对于中国革命的思想指引作用。

### 环节三：奋起抗争——五四运动的爆发

通过播放五四运动视频，使学生直观感受国家有难、匹夫有责的民族精

神，明确中国共产党的历史使命。

**环节四：党的诞生——开天辟地的大事**

采用小组汇报形式，锻炼学生的信息获取和合作探究能力，同时以视频、党旗绘画作品等多种形式，表达学生对党的敬意，激发学生爱国情感。

**环节五：畅想2036——红船精神的传承**

# 七、教学过程

## （一）教学流程设计

**环节一：创设情境导入，穿越时光，激发兴趣**

教师活动：

1.播放五四特别版《错位时空》视频。

2.设疑：当我们穿过百年时空，与这段历史相逢，我们发现带领中国发生翻天覆地变化的正是这面旗帜。这面旗帜代表的是什么？（展示党旗图板后贴放在板书中）

3.总结：中国共产党，作为我国的执政党，他又是如何成立的呢？让我们穿越时空，回到共产党成立的前夕。（板书课题）

学生活动：观看视频，引发思考；回答问题，揭示主题——"中国共产党"。

设计意图：本节课以五四特别版《错位时空》视频导入，带领学生进入时空隧道，穿越时光，了解当时的中国，与历史对话。通过提问，引导学生意识到中国共产党对人民的重要意义，进而提问学生中国共产党的诞生时间，导入新课，并板书课题。

**环节二：指路明灯——马克思主义的传播**

教师活动：

1.出示时间轴：请大家排一排，将历史事件和它的结果对应起来。

2.当时的旧中国，鸦片战争后的清政府签订《南京条约》，甲午中日战争、八国联军侵华、火烧圆明园，外敌入侵，肆意践踏，国家积贫积弱，百姓民不聊生，他们就处于一片黑暗当中，看不到一点希望。而与此同时，

1917年，俄国爆发了十月社会主义革命，震动了全世界。在我们中国，也有一群有识之士站了出来，寻找救国的道路。那么他们是通过什么方式开展革命活动的呢？

结合课前学习单，请大家翻开课本第58页，借助插图和你查阅的资料，来看看你有什么发现吗？把你的发现跟身边的人说一说。谁来给同学们说一说？

3.小结:中国的先进知识分子以笔杆为武器，以《新青年》为阵地，传播马克思主义思想。他们是冒着生命危险在传播这先进的火种。其中李大钊传播马克思主义的活动触犯了当时反动军阀的利益。（课件出示第59页"活动园"）

李大钊就这样牺牲了，但他并不害怕死亡，请同学们议一议李大钊为何不惧死亡呢？

正是有了无数像李大钊这样理想坚定，忠贞不渝的早期共产党人的英勇献身，使得马克思主义得到广泛的传播。星星之火可以燎原，马克思主义的广泛传播促进了中国人民的觉醒。（板书）

学生活动:

1.学生上台排序互动。

2.运用老胶片效果展示中国近代屈辱史，学生可以沉浸式观看，使学生能够生动地了解祖国历史，感受革命先烈的伟大品格，树立为民族振兴的奋斗意识。

3.结合课前学习单，小组分享全班交流。

4.思考并回答问题，师生交流。

设计意图:运用演示文稿，用滚动图片等形式将近代中国的屈辱历史进行呈现，激发学生思考救国之路，引导学生理解马克思主义的传播对于中国革命的思想指引作用。

**环节三：奋起抗争——五四运动的爆发**

教师活动:

1.跟随时光机，我们来到1919年1月。此消息一传入国内便引起了全国

人民的强烈愤慨，让我们了解一下当时的情况。（播放视频）（板书）

2.同学们，看完这段视频，请谈谈你的感受。

3.青年学子为什么悲愤？看完"二十一条"不平等条约的内容，你们悲愤吗？

4.请阅读第59页"阅读角"，阅读后思考：我们为什么会在巴黎和会上遭到不平等的对待？

5.过渡：落后就要挨打，发展才能自强。中国迫切地需要一个能够引领我们发展、强大的政党，来拯救四万万同胞于水深火热之中。

学生活动：

1.观看视频并思考；学生分享。

2.学生自主随机起立，模拟情景喊出口号。

3.全班分享讨论，师生互动。

设计意图：通过播放五四运动视频，使学生直观感受国家有难、匹夫有责的民族精神，明确中国共产党的历史使命。

**环节四：党的诞生——开天辟地的大事**

教师活动：

1.让我们继续乘坐时光机，来到1921年。1921年发生了什么开天辟地的大事呢？

党的一大召开。中国共产党诞生了！下面我们来开一个有关中共一大的交流会。

2.中国共产党第一次全国代表大会在上海秘密召开了。（播放中共一大视频）（板书）

同学们，面对这样的情景，如果你是参会代表，你觉得会议还要继续吗？即使是冒着生命的危险，代表们还是选择继续开会。会议地点转移到浙江嘉兴南湖红船上，我们伟大的党诞生了。

3.党旗的锤头和镰刀分别代表着什么？

中国共产党党旗上的镰刀和锤头就分别代表着工人和农民的劳动工具，象征着中国共产党是中国工人阶级的先锋队，代表着工人阶级和广大人民群众的根本利益。

学生活动：全班交流讨论；思考问题并回答；利用课前学习单绘制的关于党旗的内容进行介绍分享。

设计意图：对于参与课堂活动的同学给予点评反馈，实时记录，优化课堂氛围。采用小组汇报形式，锻炼他们信息获取和合作探究能力，同时以视频、党旗绘画作品等多种形式，让学生表达对党的敬意，激发学生爱国情感。

**环节五：畅想2036——红船精神的传承**

教师活动：

1.一大辗转的两个会址，也见证了共产党诞生的艰辛与不易。在一大会议中，你感受到了中国共产党怎样的精神？请小组讨论。

从一大会议中，我们感受到了中国共产党坚守理想、勇担使命、英勇无畏、不负人民的伟大精神。

2.那习近平主席又是如何阐述红船精神的呢？

（出示课件）习近平主席把红船精神概括为开天辟地、敢为人先的首创精神，坚定理想、百折不挠的奋斗精神，立党为公、忠诚为民的奉献精神。

3.小结：红船精神体现了党的初心使命，伴随着我们走过了100多年的光辉历程，中国共产党的成立是开天辟地的大事，时代变迁，精神依旧，让我们乘坐时光机回到2024年，有一位战士跟咱们一同穿越回来，看到今天的中国他充满了好奇。（播放视频）

同学们，我们作为共产主义的接班人，新时代的好少年，我们该如何传承红船精神，以实际行动告慰先烈呢？我们该如何为中华民族伟大复兴而奋斗呢？

4.畅想"2036"——2036年的你，会是怎样的？你想成为什么样的人？你对祖国有什么想说的呢？

学生活动：

1.小组讨论，教师巡回，全班分享。

2.师生齐读红船精神内容，产生共鸣。

3.同学们踊跃走上讲台畅想自己的2036，纷纷写下心愿卡，贴在心愿板上，和憧憬的2036做个美好的约定！

设计意图：通过穿越时光的情境创设贯穿整个课堂，增强学生的参与感，带来情感的共鸣。畅想2036的活动激发了学生浓浓的爱国情怀，写下的畅想自觉地与国家发展联系在一起。

## （二）课堂小结

同学们，100年前，少年强则国强，少年独立则国独立的口号响彻祖国大地。今天，老师希望同学们以奋斗践行红船精神，唱响"请党放心强国有我"的青春誓言，让我们一起走向未来！

## （三）板书设计

畅想2036　红船精神

**红船起航　开天辟地**

| | |
|---|---|
| 1917 年十月革命 | 传播马克思主义思想 |
| 1919 年五四运动 | 思想和组织上的准备 |
| 1921 年中共一大召开 | 中国共产党诞生 |

## （四）作业设计

1.基础性作业：以"百年追梦，复兴中华"为主题，以梳理思维导图或手抄报等形式与家人及同学分享学习成果。

2.拓展性作业：请你在课后回顾中国共产党的成立和发展历程，思考：为什么只有中国共产党才能救中国？课下参考阅读习近平总书记《写给青少年的党史》。

## （五）参考资料

[1]人民教育出版社课程教材研究所小学德育课程研究开发中心：《义务教育教科书教师教学用书.道德与法治五年级.下册》，人民教育出版社，2019年。

[2]中华人民共和国教育部：《义务教育道德与法治课程标准（2022年版）》，北京师范大学出版社，2022年。

## 八、教学总结与反思

本节课的教学中，在"开天辟地"这一核心概念的解读上，通过丰富的历史资料和生动的讲解，成功引导学生理解了其深刻内涵，比较全面地了解了中国共产党成立初期的历史，能树立一定的忧患意识，更加珍惜现在美好生活的来之不易，为祖国的发展贡献自己的力量。

习近平总书记在纪念五四运动100周年的大会上提到："五四运动，孕育了以爱国、进步、民主、科学为主要内容的伟大五四精神，其核心是爱国主义精神。爱国主义是我们民族精神的核心，是中华民族团结奋斗、自强不息的精神纽带。"本课融合信息技术2.0技术手段，通过对重大历史事件阅读、收集资料、观看视频、小组交流汇报等活动方式，加强学生收集整理分析历史信息的能力，使其了解了红船精神的内涵，进一步培养学生热爱共产党的情感和坚定共产主义的信念。

然而，在反思教学方法的有效性时，我发现虽然整体效果良好，但仍存在改进空间。例如，在引导学生进行小组讨论时，部分学生的参与度不高，这可能与我的引导方式不够细致有关。未来，我将更加注重小组活动的组织和引导，确保每个学生都能积极参与其中。我还将优化课堂提问策略，通过更多层次、更具挑战性的问题，引导学生深入思考，培养他们的历史思维能力。此外，我的教学环节之间的衔接也还有待加强，今后我还需向其他优秀教师学习，努力打磨自己的教学水平。

# 从"中国制造"到"中国创造"

大连市中山区中心小学　曲延芳

## 一、课程基本信息

**主讲课程：**道德与法治

**使用教材版本：**人民教育出版社（2019版）

**教材章节出处：**《道德与法治》四年级下册第三单元《美好生活哪里来》第八课《这些东西哪里来》

## 二、教学设计概述

　　思政课是落实立德树人根本任务的关键课程，道德与法治课程是义务教育阶段的思政课程。道德与法治课程要求践行和弘扬社会主义核心价值观，坚定理想信念，厚植爱国主义情怀、增进对伟大祖国、中华民族、中华文化、中国共产党、中国特色社会主义的高度认同，把爱国情、强国志、报国行自觉融入坚持和发展中国特色社会主义事业、建设社会主义现代化强国、实现中华民族伟大复兴的奋斗之中。弘扬时代精神是思政课程中极其重要的一个方面，随着改革开放和中国特色社会主义事业不断发展，改革创新成为当代中国的最强音。以爱国主义为核心的民族精神和以改革创新为核心的时代精神交相辉映，为伟大的"中国精神"注入了崭新的时代元素。从"中国制造"到"中国创造"是部编版《道德与法治》四年级下册第三单元的《这些东西哪里来》的第三部分教学内容，位于教材第62—63页。本课题所在的单元主题是《美好生活哪里来》，设计了《我们的衣食来源》《这些东西哪里来》《生活离不开他们》三个分题，让学生明确美好生活的源头，感知自己的幸福生活离不开每一位劳动者的辛勤劳动，学会感恩。本课题属于本单元第二个分题，让学生在第一分题的学习的基础上，从身边熟悉的衣食住行切入，感受到身边每一件物品都是通过许多人的辛勤劳动换来的。本分题共设计三个色块课题:《物品身世探秘》《他们带来的舒适与方便》《从"中国制造"到"中国创造"》。本课题《从"中国制造"到"中国创造"》是最后一个学习内容。本课题旨在通过教学，让学生在"中国制造"的现状中认识到中国制造业的强大；引起学生思考，明确优势和弊端，并且感受"中国创造"的意义；激发学生的使命感和责任感。基于对教材的分析和对学生情况的了解，我认为设计时应体现从生活中来，到生活中去。在教学时，不仅要让学生通过本课的学习了解中国经济的发展与腾飞，唤起学生内心的民族自豪感，更要引导学生更好地学习，明确自己身为中国人，将来为国家经济的发展做出贡献的努力方向，增强其民族责任感，弘扬新时代精神，使学生具有敢于创造的思想观念、追求进步的责任感与使命感、锐意进取的精神状态。

## 三、学情分析

四年级学生他们生来就是衣食无忧，对于中国人用自己的勤劳勇敢和聪明才智开创新生活的那段岁月一无所知，缺少理性的认识。对于工业产品带来的舒适与便利，四年级学生有一定体验和感受，但工业生产与小学生生活有一定距离，学生对生活中的工业产品从何而来了解甚少。他们虽然在日常生活中常常接触中国制造与中国创造，但对此并没有深入的了解，不清楚中国制造业在近几十年间取得的巨大进步，以及从中国制造到中国创造之路上所付出的努力；对我国目前在世界上工业生产水平了解也不多。因此，要让学生在课前充分进行前期调查，感知中国人民用自己的勤劳和智慧在世界制造行业上取得的令人瞩目的巨大成就，再通过研学引发思考，明确中国制造业的弊端，进而感知中国创造的意义，从而让学生切实体会强烈的民族自豪感。四年级孩子已经具备收集资料，获取有效信息的能力了，也具备一定的分析时事新闻的能力，但是需要老师给予明确的指导。

## 四、教学目标

《义务教育道德与法治课程标准（2022年版）》中在第二学段课程内容"道德教育"主题中明确要求："尊重劳动者，懂得职业没有高低贵贱之分，感受并感激他们的劳动给人们生活带来的便利，珍惜他们的劳动成果。""初步理解社会主义核心价值观的要求，并在日常生活和集体活动中践行社会主义核心价值观。""在班级交流劳动模范、大国工匠、身边普通劳动者的故事，感受他们的社会贡献。"在"中华优秀传统文化与革命传统教育"主题中要求："从衣、食、住、行等方面，感受中华人民共和国成立以来的伟大成就。""分组收集资料，以图片展等形式呈现伟大成就，激发对中国特色社会主义的认同感。"

制定教学目标，应从发展学生核心素养的角度出发，将核心素养的培育作为教学的出发点和落脚点。本课旨在弘扬时代精神，确立目标时一是要政治立场鲜明，符合中国特色社会主义基本立场；二是价值导向清晰，符合社会主义核心价值观，符合全人类共同价值；三是知行要求明确，要根据学生年龄特征和学段特点对观念认知与道德品行进行科学设计。要达成本课教学目标，要及时跟进社会发展进程，结合国内外影响较大的时事进行讲解；还要将党和国家重大实践和理论创新成果引入课堂，充分体现马克思主义中国化最新成果。同时密切联系社会生活和学生生活实际，用富有时代气息的鲜活内容，以学生喜闻乐见的方式，增强道德与法治教育的时效性、生动性、新颖性。据此拟定本课教学目标：

1.通过说"MADE IN CHINA"的中文意思，了解"中国制造"遍布全球、苹果手机售价高昂而中国所获得的利润极低和中兴危机，懂得必须加强自主创新能力，努力实现从"中国制造"向"中国创造"的转变。

2.让学生通过课前调查，说说其所知道的中国创造，了解我国工业产品在全世界的发展，感知祖国的强大历程。培养和树立学生创新精神和创新意识。

3.让学生通过看中国高铁、大国重器——盾构机、华为5G、天河二号超级计算机、神舟号飞船、大飞机C919、火箭、蛟龙号、奋斗者号等图片，认识由"中国制造"到"中国创造"，感受我国科技创新发展；培养学生祖国自豪感。讲述中国创造的故事，让学生体会工业劳动者的艰辛。

## 五、教学重点难点

要确定本课教学的重难点首先要了解中国制造的现状。在过去几十年中，中国制造凭借其庞大的生产能力、低成本和高效率在全球市场中占据重要地位。然而，随着全球经济的发展和技术进步，中国制造业也面临着诸如技术创新不足、品牌影响力有限、资源环境压力增大等挑战。因此，从"中国制造"向"中国创造"转型，提升产品的附加值和核心竞争力，已成为中国制造业发展的必然趋势。其次要明确中国创造的内涵。中国创造强调在继承中国制造的基础上，注重技术创新、品牌塑造、文化融入等方面，以提高产品质量、服务水平和国际竞争力。其核心内涵包括以下几个方面：

1.技术创新：通过自主研发、技术引进和消化吸收等方式，提高产品技术含量和附加值。

2.品牌塑造：培育具有国际影响力的知名品牌，提升中国制造的品牌价值。

3.文化融合：将中国传统文化和现代设计理念相结合，打造具有中国特色的产品。

在从"中国制造"向"中国创造"转型的教学中，面临以下几项问题：

1.学生缺乏直观认识，对于中国创造的内涵概念不清。对为什么要从"中国制造"到"中国创造"理解有难度。

2.教师知识储备不足，对目前我国在制造和创造方面了解有限。

针对以上问题，教学重难点确定为：

教学重点：了解我国工业产品在全世界的发展，感知祖国的强大历程。

教学难点：懂得我国必须走自主创新之路，变"中国制造"为"中国创造"。

## 六、教学设计总体思路

本课是部编版《道德与法治》四年级下册第三单元的《这些东西哪里来》的第三部分教学内容，属于第二学段。第二学段目标中明确要求："初步感知基本国情，为自己是中国人感到自豪。""感知中国特色社会主义的伟大成就。""初步理解社会主义核心价值观的要求，在日常生活和集体活动中加以践行。"

体验学习是一种基于学习者自身的活动，以获得直接经验的学习方式。对于四年级的学生来说"中国制造""中国创造"的物品还是比较陌生的，只有通过让学生在课前大量收集资料，亲触这一领域所取得的成绩，才能更清晰地感受到"中国制造"的强大，更明白"中国创造"的意义。道法课的体验是关注学生的生命经历和经验、生命感受和体验，只有引导学生在实实在在的生活中、在喜爱并乐于参与的活动中进行自我体验，才能使道德认知内化为道德行为。道法课运用的体验式教学策略，是实现道德回归生活的基本途径。学生需要通过本课的学习认知中国制造和中国创造的伟大成就。这些很难通过语言表达来进行讲解的知识点，可以通过多媒体教学的方式，借用图片、视频的教学形式来让他们产生直观的认知。比如"说说你知道的中国创造"，单靠语言的描述，很难让学生在头脑中形成印象。但是利用图片和视频，一下子就让学生对中国创造有了清晰的印象，从而激发了爱国热情和民族自豪感，弘扬了时代精神，达到培养良好核心素养的目的。

## 七、教学过程

### （一）教学流程设计

#### 环节一：导入激趣

**教师活动**：前两节课的学习让我们了解了我们的生活离不开工业产品，工业产品给我们的生活带来了便利。这节课，我们继续学习《这些东西哪里来》。

1.出示PPT。你在哪里看到过这样的英文？你可知道这些英文的意思？

2.当你身处异国他乡看到MADE IN CHINA那是一种怎样的感受呢？我们一起来读读"李亚的故事"。李亚的所见，让我们了解到中国是当之无愧世界工厂。

3.出示PPT。连举世瞩目的奥运会吉祥物也是中国制造。现在走到世界各国我们都可以看到中国制造的商品，"中国制造""中国工厂"是中国在世界经济中最响亮的名片。而联合国工业发展组织的数据也证实了这一点。

4.同学们，看到这些，你有哪些感受？李亚也和大家一样感到自豪，然而老师却告诉他："'中国制造'固然值得骄傲，但还不够。"老师为什么说还不够呢？我们更需要什么？

学生活动：

1.根据自身的生活经历自由回答。

2.看图片讲故事。

3.从一幅幅图片和一组组具体数字中真实感受中国制造范围广、产量大，在世界制造业中占有重要的地位。

设计意图：紧密结合学生实际，从学生的实际生活引出话题，学生有这样的经历，很容易产生学习兴趣。

**环节二：中国制造了不起**

教师活动：

1.以众所周知的苹果手机为例，为什么"中国制造"的苹果手机售价高昂而中国所获得的利润那么低呢？一台iPhone手机从设计生产到销售大概可以分为四个部分：美国负责设计、负责产品创新；日本等负责供应零配件；中国等发展中国家负责组装；通过全球销售网络进行售卖。就说手机设计制作过程中，三者的利益分配大致为6：3：1，非常不均衡。在iPhone的组装方面，根据富士康的报告显示，组装一台iPhone的价格大概是4.2美元。当然，除了这些费用，还有宣传费、物流、渠道、税费等。回归正题，中国工人在组装代工环节的收益不会超过iPhone总价的3%。

2."中国制造"必须要向"中国创造"转变才能让中国成为真正的强国。那么"中国制造"和"中国创造"（板书），一字之差有什么不同呢？

3.小结：不掌握核心技术，就要受制于人，还可能随时陷入危机。

4.出示PPT：中兴之危。

5.播放视频：人大代表答记者问。

学生活动：

1.听教师讲述事例。

2.指名回答问题。

3.说说感受。

设计意图：当学生沉浸在"中国制造"的成就中时，通过这一环节，引发学生深深的思考，让学生认清"中国制造"背后的真实情况。

**环节三：中国制造引思考**

教师活动：

1.过去在高科技领域中国创造的身影还不算多。现在，"中国创造"已占有一席之地。现在有哪些中国创造呢？说说你了解的中国创造。

2.出示PPT：中国高铁、大国重器——盾构机、华为5G、天河二号超级计算机、神舟号飞船、大飞机C919、火箭、蛟龙号、奋斗者号等。

学生活动：

1.学生在小组内交流自己查找到的资料。

2.在班级中汇报。

设计意图：通过本环节的学习，学生更能亲触到"中国创造"的辉煌，感受到中国创造已取得的伟大成就，激发学生的爱国热情，弘扬时代精神。

**环节四：中国创造更精彩**

教师活动：

1.这些"中国创造"，让我们在世界站稳了脚跟，挺直了脊梁。然而中国创造背后是无数人的汗水与付出。你知道哪些关于中国创造的故事呢？讲给大家听听。

2.出示PPT：孟凡超、芯片之母——黄令仪。致敬许许多多工业劳动者！

3.从过去的"中国制造"到现在的"中国创造"它有什么意义？

4.作为公民，对于支持"中国创造"我们可以做些什么？

学生活动：

1.听故事，讲故事。

2.回答教师提出的问题。

设计意图：开发性使用教材。通过大量课程资源的开发，突出教材的逻辑优势，也弥补了教材编写内容局限。各种"中国创造"的图片和视频，"科学家的故事"，等等，让学生明白中国创造需要创造者，要对他们的付出有感恩敬畏之心，也为下一课《生活离不开他们》做铺垫。

（二）课堂小结

中国制造是基础，中国创造是目标，中国提出"中国制造2025"其实就是要用科技创新改变、提升中国制造。我们中华民族是具有非凡创造力的民族，从"中国制造"向"中国创造"已取得了可喜成绩，这体现了中国人民的智慧及创新探索精神。我们有责任将其发扬光大，像我们的先辈那样为"中国创造"做出贡献。只要我们大家共同努力，不断创新，不久的将来一定能使我国从制造大国发展成为制造强国。

（三）板书设计

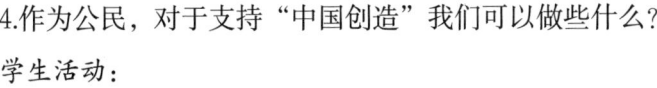

科技创新

中国制造 ——————→ 中国创造

大而不强　　　　　　又大又强

（四）作业设计

| "中国创造"资料收集卡 | | | |
| --- | --- | --- | --- |
| 物品类别 | 物品名称 | 功能 | 价值影响力 |
|  |  |  |  |
|  |  |  |  |
|  |  |  |  |
| "中国创造"的故事 | | | |

（五）参考资料

中华人民共和国教育部：《义务教育道德与法治课程标准（2022年版）》，北京师范大学出版社，2022年。

## 八、教学总结与反思

上一堂有温度的道法课，从熟知的生活用品入手，创设情景，导入新课，使学生学习兴趣浓厚，积极性高涨。对于"中国制造"遍布全球，学生不容易理解，为此，我采用图片展示引导学生亲眼观看，亲自体会"中国制造"遍布世界各地，很受外国人欢迎，由此激发学生的爱国情感和自豪感。学生理解了"中国制造"走向了世界，可是不易理解当下大而不强、附加值低、创新能力不足、科技含量有待提升等问题，为突破这一难点，我举出苹果手机这样的典型事例，让学生明白了我们要努力实现从"中国制造"向"中国创造"的转变，效果非常明显。

最成功出彩的是开发资源，创设情景，丰富学生认知，开发性使用教材。通过大量课程资源的开发，突出教材的逻辑优势，也弥补教材编写内容局限。让学生自己主持，自己开展了"中国创造"交流会。在交流中，生生之间、师生之间互相补充，学生自然而然地感受到祖国的步步崛起，步步强大，了解祖国取得的一系列了不起的成就，同时感悟到中国人民那种积极探索、勇于创新、艰苦奋斗的精神。

不足之处是个别学生的课外知识面还有待扩展，对于"中国创造"的成就和科学家的故事了解不够多。教师在今后的教学中，继续注重培养引导学生课前收集资料、整理资料的能力。

纵观整堂课，我觉得学生的感悟还是比较到位的。学生做到了自主参与，自我提高。课标提出"通过各种教学活动，帮助学生获得丰富的体验，形成积极的生活态度"。在教学中，我寓教育于活动之中，努力使教学走进生活，贴近学生，创设开放、互动、活泼的教学情景，营造自由、民主、愉悦的课堂氛围，给学生充分的参与机会，引导他们感受中国对世界经济做出的贡献，增强爱国主义热情。以中国制造到中国创造，以中国经济的发展与腾飞唤起学生内心的民族自豪感，引导学生明确自己身为中国的公民，将来要为国家经济的发展做出贡献，增强民族责任感。

# 伟大事业都始于梦想

大连市沙河口区华北路小学　于晓清

## 一、课程基本信息

**主讲课程**：道德与法治

**使用教材版本**：人民出版社、人民教育出版社（2021版）

**教材章节出处**：《习近平新时代中国特色社会主义思想学生读本》小学高年级版第一章《伟大事业都始于梦想》

## 二、教学设计概述

《习近平新时代中国特色社会主义思想学生读本》是小学思政课重要的教材之一。这一读本主要向小学生传授了习近平总书记关于中国特色社会主义伟大事业的思想和理念，引导他们树立正确的人生观、价值观和世界观。

自习近平总书记提出新时代中国特色社会主义思想以来，特别是习近平新时代中国特色社会主义思想纳入小学生课本以后，我们广泛关注着如何将这一伟大思想传递给小学生。本次教学设计将在大中小学思政一体化视域下，以《习近平新时代中国特色社会主义思想学生读本》中的《伟大事业都始于梦想》一课为例，探讨教学实践与思考。

在此节课的教学中，我始终秉持着"弘扬时代精神"的理念来展开教学，并尝试通过多样化的教学方式以及丰富的教学内容展开高效的思政教学。针对小学生的学习特点和认知水平，该读本采用了浅显易懂的语言和图文并茂的设计，使小学生更容易理解和记忆。在开展课堂教学时，将与课程关联的历史事件、现代研究成果通过图片的方式呈现给学生，让教师的讲解内容更加真实、生动。图片给学生带来视觉冲击和思维引导，让学生的思想更加活跃。如在教学中，为了加强学生对"中国梦"的理解，不仅要展现出国家富强、民族振兴、人民幸福的中国梦，还要展示出我们和平发展、合作共赢的中国梦，要让学生知道我们的中国梦是没有侵略、没有扩张、没有霸权的，所以在教学中，我让学生们交流了在中国梦实现的过程中我们国家哪些方面发生了变化。同时展示了中老铁路，它打通了中国和老挝的货物运输和交通；中国向世界分享技术，在赞比亚建设了职业技术学院，帮助第三世界国家培养人才；等等。通过课堂讲解，学生理解了国家的梦、民族的梦。

整个课程实践过程中，为了带动学生的课堂参与，教师通过设计问题、引导思考、互动讨论、表达观点的方式，引导学生参与到学习活动中。通过这种方式，学生能够充分地将历史事件和国家发展联系起来，将伟大的事业都始于梦想这个主题和国家发展、世界发展结合起来。教师能够给学生构建一个多元化、多层次的学习框架，让学生能够从自我到国家，从国家到世界，再到全人类层层递进地思考问题、理解问题，感知到伟大事业都始于梦想的理论内涵，从而明白要想实现中国梦必须弘扬时代精神。

## 三、学情分析

中国有句话叫"少年强则国强"。学生是国家的希望，尤其是小学五年级的学生，其尚处于世界观、人生观、价值观形成的关键时期。在此阶段为学生的思想道德修养以及未来理想奠定扎实基础，能够敦促学生在后期的学习生活中成长得更好。我在带领五年级一班的学生学习时，考虑到一班学生普遍较为活泼，课堂表现积极主动。为此，我也是在尊重本班学生学习特点的基础上进行教学计划制定，为学生营造出高效的学习氛围。也正是在此教学氛围之下，五年级一班的学生才达到了高效思政学习的教学要求。

## 四、教学目标

1.通过视频、音乐、图片等形式，交流从古至今由梦想变成现实的大国重器，了解梦想的重要性，知道有梦想才会有创造。

2.借助书中的情境，由个人梦引出国家的梦想，通过习近平总书记提出的中国梦，知道国家的梦想是什么。

3.通过中国共产党两个百年发展历程的阶梯图，借助书中的文字和图示，结合课前查找的资料，交流中国梦的深刻内涵，发现实现中国梦就是实现国家富强、民族振兴、人民幸福。

4.结合书中图示，明确中国梦也是和平发展、合作共赢的梦。

5.借助梦想年代尺交流自己的梦想未来会是什么样子的，在交流中发现个人梦与中国梦是息息相关的。

6.结合袁隆平爷爷的事迹，明确实干才能使梦想成真，并交流自己为梦想实现要做的努力。通过自由读、指名读、齐读等多种形式，朗读习近平爷爷的寄语，从中获得鼓舞。

## 五、教学重点难点

### （一）教学重点

《伟大事业都始于梦想》一课重在培养小学生爱党、爱国、爱人民的情感。教师在教学中，可以通过讲解和解读课文中的关键句子和篇章，引导学生深入理解习近平思想的核心价值观，如中国梦、两个百年目标等。同时，结合学生身边的现实生活，以及习近平总书记近年来的重要讲话和指示，让学生在实践中感受习近平思想的力量，激发他们对实现中国梦的渴望和责任感。

### （二）教学难点

《伟大事业都始于梦想》这一课提出了一些关键词、关键句子，这是教学难点。在日常教学中，教师需要充分利用关键句子和关键词来协助学生理解课堂知识，并在讲解关键句子的过程中，给学生渗透核心价值观，培养学生的家国情怀。

## 六、教学设计总体思路

首先，采用音乐导入，引出课题，极大地调动了学生的学习兴趣。在学生观看视频与倾听音频时，学生内心是轻松愉悦的。此时，我再带入思政课程知识点的教学，学生更容易接受。其次，我积极引导学生开展课堂实践活动，通过活动让学生加强接收到的理论知识，对前面所学的理论知识进行巩固；让每位学生都尽可能地参与到教师的活动中来。在活动现场，有很多同学表示将会为自己的梦想不懈奋斗，只有实现了自己的梦想，中国梦才能实现，中国才会越来越富足、强盛。最后，进入到课堂总结环节，带领学生全体起立、敬礼，并且齐声朗诵"请党放心，强国有我"。誓词的宣读进一步燃起了学生心中奋斗的火花，促使学生更加坚定自己的理想信念。

## 七、教学过程

### （一）教学流程设计

**环节一：音乐导入，引出课题**

教师活动：

1.老师给同学们放一段视频，大家看一看这是哪部电视剧呀？（播放《西游记》视频）《西游记》当中有很多奇思妙想的场面，能不能来说一说？

2.没错，过去的人不仅有上天的想象，还有潜海的想象呢！在凡尔纳科幻小说《海底两万里》中有能够周游海底的"鹦鹉螺"号潜艇！这些都寄托了过去的人美好的梦想，那我们今天有没有实现这些上天入地的伟大梦想呢？是呀！孩子们，梦想是努力奋斗、发展创造的起点，这也正是我们今天要学习的内容：伟大事业都始于梦想。

3.看，这是什么？（出示飞机图片）是啊，这架飞机可不一般，仔细看看，你认识它吗？它的研发也圆了我们中国人制造大飞机的梦想，就在2023年5月28日，国产大飞机C919圆满完成首次商飞，将正式投入使用。

4.这个呢？（出示火箭图片）神舟十六号的三名航天员和神舟十五号的三名航天员在空间站顺利会合，将完成一系列的任务，你知道最近还有什么好消息传来吗？真好！我们的星辰大海，又将添上一抹中国红！

5.这个呢？（出示潜艇图片）嗯，这些都是由梦想变成现实的大国重器，有梦想就会有创造。只有制造越来越多的大国重器，我们的国家安全、经济发展才能够得到保证，老师也准备了一段大国重器的视频分享给大家，我们来看。

6.从神话中看到梦想，我们的大国重器又实现了我们曾经的神话梦想。那过去的人在当时什么科技手段都没有，他们就有这样的梦想，说明什么？想象力丰富。这也告诉我们，要敢于创新，敢于有梦。毛泽东主席还曾经说过这样一句话，我们来一起读一读：上九天揽月，下五洋捉鳖。现在我们都实现了，我们靠一代一代的航天人，一代一代的航海人将梦想实现。

学生活动：

1.观看《西游记》视频。《西游记》中孙悟空能七十二变，脚踩筋斗云，大闹天宫，降妖除魔……

2.实现了。伟大事业都始于梦想。

3.这是飞机，现在我们出行可以坐飞机，让我们很快地到达目的地。C919是我国自主研制的大型商用客机。

4.我们还发射了火箭，把宇航员送到太空去，就在前不久，神舟十六号顺利升空，与空间站接轨。神舟十七号将在2023年10月发射，与空间站对接。

5.老师，这是潜艇，坐上这个潜艇深入到海里1万多米，我们可以领略海底世界的奇妙了。

6.过去的人有很高的智慧、有非常丰富的想象力，他希望我们后代可以实现他们的想象。

设计意图：以音乐、视频、图片等形式导入，激发学生交流思考的兴趣，在学生观看视频与倾听音频时，学生内心是轻松愉悦的。此时，我再带入思政课程知识点的教学，学生更容易接受，让"梦想"这种好像看不见摸不着的事物也有了具体的参照，从而更好地明白：有梦想才会有创造。

**环节二：有梦想就会有创造**

教师活动：

1.看这幅图片，2013年的5月，习近平爷爷来到四川省芦山县龙门乡隆兴中心校参加了一次"感恩奋进·放飞梦想"的主题班会，我们一起来了解一下吧！

2.有梦想，还要脚踏实地，好好读书，才能梦想成真，你认同吗？这也是习近平爷爷对我们每一个青少年的嘱托呀！

学生活动：

1.把书翻到第2页，出声朗读四川小同学的梦想；画出习近平爷爷的嘱托。

2.交流汇报。

设计意图：从教材出发，引用书中情境，从个人对梦想理解的角度深入到习近平爷爷对青少年的嘱托，由个人梦引出下一环节对于"中国梦"的学习。

### 环节三：中国梦，我的梦

教师活动：

1.那不仅同学们有梦想，我们的国家也有梦想。2012年，习近平总书记在参观《复兴之路》纪念馆时首次提出了"中国梦"这个词，我们国家的梦想是什么？说得真好！实现中华民族伟大复兴就是我们的中国梦。

2.在国家危难、民族存亡之际，中国共产党成立了！同学们，你们知道中国共产党是哪一年成立的吗？如今，走过了100多年的风雨历程，我们的党越来越强大，到现在实现了全面建成小康社会的奋斗目标。我们的目标就此止步了吗？

3.是啊，我们正朝着第二个百年奋斗目标奋勇前进，从1949到2049年，那时，孩子们你们多大啦？想一想，算一算。这个时间可不短呀，所以这期间还有一个阶段性的目标呢，同学们看，到2035年，你们多大呀？快算一算。

我们国家的梦想是那时基本实现社会主义现代化。

4.（指向年代尺）这些都是我们实现中华民族伟大复兴的中国梦，而中国梦的内涵非常丰富，在书上也写得很清楚、具体，同学们看这三张邮票，再读读第5页第二自然段的内容，说说你发现了什么？观察得真仔细呀！我们一起再来读一读这句话好吗？

5.这三张邮票是为了纪念中国梦而发行的三组套票，老师也找到了完整版，我们一起来看看，这是？结合三张邮票以及课前查找的资料，小组内交流：你对中国梦有哪些了解和向往？

嗯，这是一个强军的梦。

嗯，你想到了吃的方面，是啊，民以食为天，要吃的更加安全健康，这是一个全民健康的梦。

是啊，这是一个追求幸福的梦。

6.看，同学们，这些都是我们的中国梦，我们的中国梦还有很多……这些梦想实现了，我们其实就是实现了：国家富强、民族振兴、人民幸福。同学们，除了这些，实际上我们的中国梦还是和平发展、合作共赢的梦，同学们看这几幅图片，结合书上的提示，说说你都看到了什么？

7.同学们，刚才我们通过交流对国家的梦有了充分的了解，说到了2035年、2049年国家的梦想，老师想知道，在这两个阶段，你的梦想会是怎样的呢？在梦想年代尺上写下你的无限畅想吧！谢谢你为人民幸福、全民健康的梦做出的贡献。

8.同学们发现了吗？个人梦和中国梦之间有什么关系？

学生活动：

1.把书翻到第5页，出声读一读第一自然段。实现中华民族伟大复兴，就是中华民族近代以来最伟大的梦想。

2.1921年7月。没有。

3.39/40岁。24/25岁。

4.再读读第5页第二自然段的内容，交流。老师，我发现了实现中国梦，就是要实现国家富强、民族振兴、人民幸福。

5.我就觉得那时我们的国家会有一支强大的军队，强力的武器装备，为我们国家提供更加安全和繁荣的生活环境，保护人民群众的安全。

我觉得那时我们吃的东西一定都是非常健康安全的，都是纯天然无污染的绿色食品。

我觉得我们那时生活质量一定特别好，我们可以有更多的时间和家人一起出去旅游，想想就觉得很幸福。

6.齐读：中国梦还是和平发展、合作共赢的梦，是与世界各国人民的美好梦想相通的。

7.我的梦想是当一名医生，2035年我25岁，那时我已经学习到了很多关于医学方面的知识了，2050年我39岁，相信我已经成为一名医生了，救治过很多病人，而且还研制出了一种仪器，可以帮助病人们减轻很多痛苦。

8.中国梦和我们每一个人的梦息息相关。

设计意图：本环节从"中国梦"入手，要让学生知道中国梦从何而来，它是什么，最好的方式就是将直观的图片展示给学生，所以我制作了中国共产党两个百年发展历程的阶梯图。再借助教材，引导学生思考交流，从不同方面说一说自己对于中国梦有哪些了解和向往。再让学生借助"中国梦"大树这一直观的教具，教师自然地就归纳出中国梦的深刻内涵：国家富强、民族振兴、人民幸福。这三个词如果让学生直接来理解的话可能学生不会真正明白，反而通过自主的交流，学生更能明白其中的深意，这也为后面学生发现个人梦与中国梦是息息相关的做了铺垫。

### 环节四：实干才能梦想成真

教师活动：

1.中国梦是国家的梦、民族的梦，也是我们每个中国人的梦。梦想不分大小，只要对国家有贡献，就是在实现中国梦。那梦想要想实现的话需要一些必备条件，同学们知道是什么吗？对，非常重要。说得太好了！没错，很重要！这些都是实现梦想所必需的。

2.大家看这两幅图片，这位爷爷是谁呀？他的梦想是什么？又是如何实现的？

是啊，孩子们，实干才能梦想成真，所以袁隆平爷爷给我们的青少年一代也写下了这样一句话，我们一起来读一读，能说说你是怎样理解这句话的吗？说得太棒了，梦想要远大，但要脚踏实地地去实干。

3.习近平爷爷又是怎么说的？我们一起来看看，把书翻到第6页，自己读一读第二段话。

正如袁隆平爷爷的梦想，指引着他的学生和后辈们，一代又一代"撸起袖子加油干"。那你的梦想要想实现，该怎样去努力呢？小组之间交流一下。

4.同学们，希望大家都能够不忘初心、牢记使命、砥砺前行！最后让我们带着习近平爷爷的美好嘱托，扬帆起航吧！把书端正我们一起来读。

同学们，还记得建党百年庆典上少先队员对祖国的承诺吗？（出示：请党放心，强国有我）全体起立，敬礼！

学生活动：

1.努力，实干，坚持奋斗。

2.袁隆平爷爷。他的梦想是禾下乘凉梦，我查资料时发现他90多岁时还在努力，还在下到那个田里去看他的这个实验。他的团队也传来了好消息，研发成功了巨型稻，实现了袁隆平爷爷的禾下乘凉梦。

齐读：心在最高处，根在最深处。

我认为心在最高处指的是梦想，根在最深处指的是实干。

3.齐读第6页第二段话。我的梦想是当一名医生，我现在要上课认真听讲，不溜号，锻炼自己的专注力；写作业时也要细心仔细，争取不犯马虎的错误，让自己更细心一些。

4.我们要从小立志向、有梦想，用新理念、新知识、新本领去适应和创造新生活。今天做祖国的好儿童，明天做祖国的建设者。齐读；敬礼宣誓。

设计意图：本环节要让学生更好地认识到实干才能梦想成真。需要从榜样人物出发，让学生切实地感受到只有脚踏实地地干，梦想才能成为现实。袁隆平爷爷的事迹完美地诠释了实干的真理，在交流过程中学生会不由自主地向袁爷爷学习。比起空洞的说教，榜样的力量是无限的，同时还加入了习近平爷爷的美好嘱托。大声地朗读，让学生由内而外地充满力量和斗志。

## （二）课堂小结

习近平新时代中国特色社会主义思想小学生读本，在大中小学思政一体化视域下具有重要的教育意义。通过读本的教育，小学生可以学习习近平总书记的思想和理念，树立正确的人生观、价值观和世界观。同时，读本还能促进他们全面健康发展。因此，应该在教学中充分考虑这本读本的教育功能，使其真正发挥作用。教师也应加强自我学习和思考，不断提高自身对习近平重要思想的理解和把握，以使更好地引领学生走向新时代。

## （三）板书设计

**伟大事业都始于梦想**

有梦想就会有创造　　　中国梦 个人梦　　　实干才能梦想成真

实现中华民族伟大复兴

国家富强

民族振兴

人民幸福

## （四）作业设计

1.尝试绘制时间轴理清中国共产党两个百年的发展历程。

2.完成梦想年代尺上自己的无限畅想，与同学分享交流。

3.为自己制定一个实现梦想计划表。

## （五）参考资料

[1] 徐美勤：《小学〈读本〉与〈道德与法治〉融合教学的策略》，《教学与管理》，2023年。

[2] 贾美华：《〈习近平新时代中国特色社会主义思想学生读本〉（小学高年级）教学建议》，《课程.教材.教法》，2021年。

# 八、教学总结与反思

本节是培养学生爱国主义情感的很好素材。课堂上充分让学生展示。教学设计有趣味性，能激发学生的学习兴趣。以小组为单位收集资料和展示不但培养了学生团结协作的精神，还能充分调动学生的积极性。

本节课环节设计较多，缺乏对每个环节的时间把握。今后在课堂上注意把握时间，深浅适中。要调动学生的积极性，课前进行调研和收集材料，课堂上给学生展示机会和实时评价反馈。

# 一个都不落下

沈阳市法库县秀水河子镇中心小学　朱　彦

## 一、课程基本信息

**主讲课程：**道德与法治

**使用教材版本：**人民教育出版社（2018版）

**教材章节出处：**《道德与法治》三年级下册第一单元《我和我的同伴》第四课《同学相伴》

## 二、教学设计概述

### （一）设计思路

①关注问题困惑；②引导反思建构；③形成行动智慧；④内化道德行为；⑤提升构建品质。

### （二）理论依据

本教学设计和实践的理论基础：

第一，遵循儿童认知能力的发展规律，紧紧围绕教学目标的达成度紧扣《义务教育道德与法治课程标准（2022年版）》核心素养中的"道德修养"和"健全人格"两个方面进行设计。

第二，紧扣教学目标，关注儿童生活的多重性、动态性，以满足儿童道德成长的需要。

第三，尊重儿童的生活经验。教学设计中的教学活动取材于儿童生活，贴近于儿童认知。

第四，关注儿童的学习能力，通过教学活动的设计，让学生主动参与进

来，引导学生去理解和体验，在这个过程中培养学生的核心素养。

## （三）设计特色

本教学设计在道德自主建构教学视角下，突出学生的主体地位，体现提升学生道德自主建构能力培养的策略，能够促进学生道德自主建构，因此教学设计按照自主建构的三个阶段，即关注问题困惑、引导反思建构、形成行动智慧去设计。

1.关注问题困惑——精心设计活动

2022版课标和人教版《道德与法治》（2018版）三年级下册参考书中反复强调通过设置议题，创设多样化的学习情境、任务情境、问题情境，激发主动学习和探究的兴趣，引导学生思考其面对的道德问题。教学中，通过精心设计多个活动，让学生去理解、去体验，而且尽量联系学生的实际生活，引导其发展道德自主建构的能力。

2.引导反思建构——注重自主探究

建构主义理论核心内容：以学生为中心，强调学生对知识的主动探索、主动发现和对所学知识意义的主动建构。教师在应用建构主义学习理论时应注重以教学活动引导学生主动探索、主动发现。《义务教育道德与法治课程标准（2022年版）》理念第3条中指出：突出学生主体地位，引导学生开展自主、合作的实践探索和体验活动；培养核心素养最核心的还是要培养学生进行自主性的合作探索学习。因此，整个教学中，我都是以学生为中心，开展自主、合作的实践探究和体验活动，不是给予学生一种预设的价值观，而是让学生在充分探究的基础上，水到渠成得出不要冷落、忽视、排斥身边小伙伴，而应团结友爱、互帮互助，不让一个人落下的结论。

3.形成行动智慧——践行道德决定

人教版《道德与法治》（2018版）教师教学用书三年级下册中明确指出：通过独立的道德判断，自主地做出道德决定，并进一步在生活中实践这些道德决定。所以，社会实践是检验学生道德自主构建能力形成的重要标志。《义务教育道德与法治课程标准（2022年版）》理念第3条指出：积极参与社会实践活动，把知识运用于社会，服务于人民，强化学生的社会责任感，提高他们的实践创新能力。教学中我通过建立互助小组这一教学活动，引导学生走出课堂，在生活中实践这些道德决定。

## 三、学情分析

三年级学生已经非常熟悉校园的集体生活，在将近三年的共同学习中，逐步有了集体、团队的意识，明白自己是生活在团队中的，一言一行都与集体利益息息相关。但是，通过课前问卷调查，发现他们对于身边的同伴往往过于苛刻，特别是在集体利益受到损害的时候，往往会毫不留情去打击自己的同伴。同时会无意识地漠视、排斥、冷落班级里小部分同伴，而这些同伴也是需要感受集体的温暖、大家的关爱的。针对这一学情，把生活中这些现象转化成一些课堂范例，间接教育学生，从而培养学生"道德修养"和"健全人格"两方面核心素养。

## 四、教学目标

1.在校园生活中同伴被冷落、排斥、遗忘的三个情境下，展开思辨，充分阐述自己的理由，解决认知问题；然后换位思考，感同身受，反思自己的行为，解决情感问题；最后学生在"思—辨—换位思考—再思—再辨"过程中形成正确的认知。学会认识自己，理解他人，对他人有同情心，形成合群而独立的健康人格。（健全人格）

2.通过情景表演如何去做，强化理解，学会运用，进而转化为实际行动。这也会更加立体地展现了孩子们彼此关爱、互相助力、绝对不让一个人落下的道德发展轨迹，有助于学生树立道德观念，提升其核心素养。（道德修养）

3.通过观看"视频+文字"，由动物迁移到同伴之间温情故事，体会同伴之间互相帮助、不让一个人落下的故事和班级生活中快乐瞬间。同学之间彼此拥抱，激发情感，也为内化为日后的行动奠定更好的基础。（外化于行）

## 五、教学设计总体思路

### （一）设计思路（道德自主建构五步法）

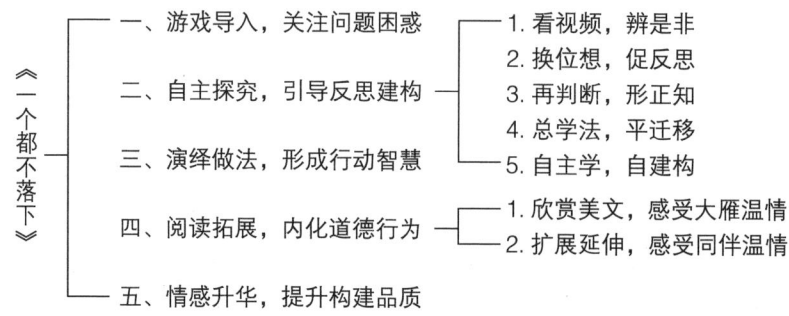

### （二）教学方法

案例讨论法、现实演绎法、游戏教学法、合作探究法。

## 六、教学过程

### （一）教学流程设计

#### 环节一：游戏导入，关注问题困惑

教师活动：上课伊始，老师带同学们玩个拔河比赛游戏。播放规则和注意事项。比赛结束了，大家心情怎样？高兴之余，大家别忘了，你们每个组都还有一个人被落下了，落下这个同学心情怎样呢？

学生活动：两组拔河，体会参加拔河的快乐，体会被落下同学伤心、难过的心情。

教师活动：游戏中，有的同学被落下了，校园生活中还有很多类似的被忽视、被冷落、被排斥的情景发生在我们身边，接下来就跟随老师的镜头看一下老师所在的法库县秀水小学那里孩子们的校园生活小故事。

设计意图：这一情境设计既激发了学生高涨的情绪，又是对课题的反向引入，课题"一个都不落下"，游戏就"让一个人落下"。让学生初步感受被落下同学难过的心情，顺势引出校园生活还有类似问题发生，从而达到关注问题困惑，完成学生道德自主建构第一阶段。

**环节二：自主探究，引导反思建构①看视频，辨是非**

教师活动：播放视频，提问：作为旁观者，班上的同学们做得对吗？为什么？这名同学坐姿最端正，你来说！（你听课最认真你来说，你思考最专注你来说）

学生活动：

生1：我觉得大家做得不对……

生2：我觉得大家做得对……

教师活动：适时评价。

设计意图：出示教材中呈现的校园生活中同伴被冷落和排斥的情境，引导孩子们展开思辨，充分阐述自己的理由，解决认知问题。

**环节三：自主探究，引导反思建构②换位想，谈感受**

教师活动：如果你是陈欣、王浩、张晓会有怎样的感受？

学生活动：

生1：如果我是陈欣，会很难过。

生2：如果我是王浩，我会特别伤心。

生3：如果我是张晓，会伤心、难过……

教师活动：适时评价。

设计意图：引导学生换位思考，感同身受，促进他们反思自己的行为，解决情感问题。

**环节四：自主探究，引导反思建构③再判断，形正知**

教师活动：换位思考后，大家都能体会到当事人难过、伤心、无助的心情，此刻再来判断"班上的同学做得对吗？"

学生活动：对。

设计意图：学生在"思—辨—换位思考—再思—再辨"过程中形成正确的认知。

**环节五：自主探究，引导反思建构④总学法，平迁移**

教师活动：同学们，你们发现了吗？当遇到事情时，我们站在对方角度，换位思考，就会有不一样的想法和做法。让我们总结一下情景一的学习方法吧!

学生活动：旁观者—当事人—再判断

设计意图：总结学法，为学生道德自主建构做铺垫。

**环节六：自主探究，引导反思建构⑤自主学，自建构**

教师活动：同学们总结的真好，就让我们把这种方法迁移到下面两个情境中去学习。播放动画。情景二：升旗仪式结束了，运动会开始了，随着一声枪响，接力比赛开跑了，又发生怎样意外？情景三：运动会上，张晓脚受伤了，无法走路，午饭时间到了，大家都是怎么做的呢？

同学们，就让我们用刚才总结的学习方法自学情景二和情景三吧！同学们，自学完了吗？你认为班上的同学做得对吗？小组交流为什么。

学生活动：自学，小组交流，回答问题。

教师活动：根据学生回答适时评价。

设计意图：学生自主学习，自主建构，学会认识自己，理解他人，对他人有同情心，形成合群而独立的健康人格，完成学生道德自主建构第二阶段。

**环节七：演绎做法，形成行动智慧**

教师活动：作为班上的同学，我们又应该怎样做呢？接下来进入小组演绎的环节！请组长到前边来抽取表演情境签，小组分角色演绎，一会儿把你们的表演展示给同学们。

学生活动：小组演绎，相互评价，师生共同梳理总结出"包容、安慰、关爱"等都是"不让一个人落下"的具体做法。

设计意图：学生讨论应该如何相互帮助，通过情景表演强化理解，学会运用，进而转化为实际行动。这也更加立体地展现了孩子们彼此关爱、互相助力、绝对不让一个人落下的道德发展轨迹，使学生树立道德观念，提升核心素养，实现道德自主建构第三阶段。

**环节八：阅读拓展，内化道德行为①欣赏美文，感受大雁温情**

教师活动：

1.作为学生的我们不经意间对小伙伴有过指责埋怨甚至遗忘，作为动物的大雁又是怎样对它的同伴呢？我们去看一看。播放视频和美文。

2.当一只大雁生病或受伤时，为什么会有其他的大雁留下陪伴它呢？想一想，从大雁身上，我们能够学到些什么呢？

学生活动：

生1：不想让它掉队、不落下，不抛弃、不放弃……

生2：细心周到、团结友爱、互帮互助、不离不弃……

教师活动：评价学生的回答，同时板书：团结友爱、不离不弃、互帮互助。

设计意图：美文中雁群的群体意识也是对课堂教学的补充和延续，在雁群中存在的不离不弃、团结互助都会引发学生的思考和模仿，在课堂生活实例已经比较丰富的情况下，选择了观看视频的方式，是对"真诚平等、互助互爱、不离不弃"的再次回顾，让学生在感动中内化为日后的行动。

**环节九：阅读拓展，内化道德行为②拓展延伸，感受同伴温情**

教师活动：

1.我们身边、我们班级有没有"受伤的大雁"呢？有没有这样温情温馨的事情呢？请同学们拿出照片分享。

2.组织学生小组交流、向全班展示照片，分享温情温馨时刻。

3.听了大家的分享，老师知道你们生活处处有陪伴，处处有鼓励，处处有帮助，孩子们，就让我们全体起立拥抱一下我们身边的小伙伴吧，感谢三年来的团结友爱，感谢互帮互助，感谢不让一个人落下。

学生活动：

1.小组交流，分享温情温馨时刻。

2.向全班分享温情温馨时刻。

3.拥抱自己的同桌。

设计意图：学生由大雁温情故事，迁移到同伴之间温情故事，体会同伴之间互相帮助、不让一个人落下的故事和班级生活中快乐瞬间，再次体会同学相伴的快乐。这也为学生内化为日后的行为奠定更好的基础，培养学生"道德修养"的核心素养，完成道德自主建构进阶阶段。

### 环节十：情感升华，提升构建品质

**教师活动：**

1.大家看一下课题对吗？谁能把今天的课题拼出来呢？

2.孩子们，不让一个人落下，不仅是我们学习生活中一个个温馨相伴的时刻，也是我们祖国一直倡导和践行的理念，你看（习近平总书记讲话视频），在脱贫的路上，一个也不能少，一个民族也不能少，我们国家做到了！

**学生活动：**

1.拼课题。

2.观看习近平总书记讲话视频。

**设计意图：**课题放在结尾，遵循建构主义思想，避免过早地给予学生价值预设。反之，应重视活动教学，即通过学生的自主体验活动，让他们获得直接的情感体验，在此基础上，由小家到大家，引入习近平总书记的讲话。

## （二）课堂小结

孩子们，生长在这样的国度，生活在这样的班集体，我们真的不应该冷落、排斥、忽视他人。我们要懂得换位思考，懂得去包容，去安慰，去关爱他人，更要像大雁一样团结友爱、不离不弃、互帮互助。只有这样，同学们才能更好彼此相伴，才能真正做到不让一个人落下。

## （三）板书设计

不让一个人落下

## （四）作业设计

要求：成立互助小组，践行道德决定。

**互助小组**

组名：_____互助小组
成员：_____
任务：_____
评价：_____

## （五）参考资料

[1] 中华人民共和国教育部：《义务教育道德与法治课程标准（2022年版）》，北京师范大学出版社，2022年。

[2]陈悦英、江雪筠、谢敏冬：《多元化评价促进学生道德自主建构能力提升研究》，《新课程研究》，2022年。

[3]孙娇：《指向儿童"道德自主建构"的课堂学习活动构建策略——以〈自主选择课余生活〉一课为例》，《学苑教育》，2021年。

[4]汪源源：《辨析栏:儿童道德自主建构的新途径——以道德与法治一年级教材为例》，《中小学德育》，2018年。

[5]吴宁建：《实施生活德育，促进学生道德自主建构》，《基础教育研究》，2007年。

# 七、教学总结与反思

## （一）教学总结

### 1.核心素养得以落地

学生通过情景表演，强化理解，学会运用，在行动上做到与同学真诚相待、互相帮助、不让一个人落下。展现孩子们彼此关爱、互相助力、绝对不让一个人落下的道德发展轨迹，培养"道德修养"核心素养。通过校园生活中同伴被冷落和排斥的三个情景，引导孩子们展开思辨、换位思考，在"思—辨—换位思考—再思—再辨"过程中形成正确的认知。从而树立同学间应真诚相待、互相帮助、不让一个人落下的观念，培养了"健全人格"核心素养。

2.自主建构能力得到培养

道德自主建构贯穿整节课。通过精心设计拔河、没戴红领巾等多个问题情景使学生关注问题；在学生"思—辩—换位思考—再思—再辨"过程中引导反思建构；最后通过让学生演一演和课后实践建立互助小组引导学生有效地把"知"转化为"行"，践行道德决定，形成行动智慧。

3.板书设计创意灵动

这节课的板书以新颖、创意、灵动让学生知道我们不应该冷落、排斥、忽视身边小伙伴，我们要懂得换位思考，懂得包容、安慰、关爱，更应像大雁一样团结友爱、互帮互助、不离不弃，只有这样，同学之间才能更好相伴，才能做到不让一个人落下，与本课大小课题完美呼应，浑然天成。

4.信息技术完美融合

教学中的情景视频、翻翻卡、词语位置移动、相机的使用、板书大雁的飞入，充分利用网络资源，扩大教学的容量，使学科的理念能真正渗透到课堂；使教学既源于教材，又高于教材，主题得到很好的升华。

（二）教学反思

回看本节课教学，实现了教学目标，落实了核心素养，培养了学生自主建构能力，课堂效果好；如果有更好的可替代导入环节的游戏，可把拔河游戏换掉。

# 长征精神永存

大连高新技术产业园区凌水小学　陈栋军

## 一、课程基本信息

**主讲课程**：道德与法治

**使用教材版本**：人民教育出版社（2019版）

**教材章节出处**：《道德与法治》三年级下册第一单元《我和我的同伴》第四课《同学相伴》、《道德与法治》五年级下册第三单元《百年追梦　复兴中华》第九课《中国有了共产党》

## 二、教学设计概述

2019年8月印发的《关于深化新时代学校思想政治理论课改革创新的若干意见》指出，要"统筹大中小学思政课一体化建设，推动各类课程与思政课建设形成协同效应"。2021年3月，习近平总书记在看望参加全国政协会议的教育界委员时强调："'大思政课'我们要善用之，一定要跟现实结合起来。"善用"大思政课"构建"大思政"格局，首先要实现大中小学思政课一体化建设，推动思政课内涵式发展。在"3·18"讲话中，习近平总书记指出："在大中小学循序渐进、螺旋上升地开设思想政治理论课非常必要，是培养一代又一代社会主义建设者和接班人的重要保障。""要把统筹推进大中小学思政课一体化建设作为一项重要工程，推动思政课建设内涵式发展。"

本设计以"大思政"为指导，设计主题为民族精神。小学阶段应着重培养学生了解民族精神，感悟民族精神，最终传承民族精神。《长征精神永存》一课中体现的民族精神为伟大的长征精神。这也正是小学阶段学生们应该认识、学习并能够传承的民族精神。习近平总书记在纪念红军长征胜利80周年大会上发表重要讲话，回顾了80年前红军长征这一革命壮举、壮丽史诗和巍峨丰碑，深刻总结长征的伟大意义和历史启示，深入阐述长征精神的丰富内涵，就如何弘扬伟大长征精神、走好今天的长征路提出六方面要求，为我们不忘初心、继续前进注入强大思想动力，提供了行动指南。他强调每一代人有每一代人的长征路，每一代人都要走好自己的长征路。而新时代的少年儿童也应当在新时代的长征路上传承长征精神，为实现中华民族伟大复兴的中国梦时刻准备着。

## 三、学情分析

五年级学生对中国共产党的党旗、党徽和创建故事有所了解，在日常生活中，通过网络、影视、书本等途径对马克思主义在中国的传播和五四运动也有一定的了解，但是对相关概念及具体史实、时间线索并不清楚。对于什么是马克思主义，马克思主义为什么能在中国传播，五四运动的爆发与中国共产党的诞生有什么联系，南昌起义与八一建军节之间有什么关系，井冈山革命道路的开辟及意义是什么，红军为什么要长征及长征途中召开的遵义会议等一系列问题，学生都了解得并不透彻，比较模糊。学生所能想到的长征精神就是"不怕牺牲、百折不挠、浴血奋战、勇往直前"这样的词语。他们无法将精神与红军战士们所面对的困难真正相关联，只是泛泛而谈。另外，学生所面临的学习难点即和平年代我们为何还要传承长征精神？新时代的长征路上，我们怎样传承长征精神？

## 四、教学目标

1.在红军讲解员带领下参观红军长征纪念馆，了解红军长征的背景，知道遵义会议的重要历史地位。

2.借助长征路上翻雪山、过草地、巧夺金沙江、强渡大渡河等事例，探究红军不怕远征难的原因，感悟不怕牺牲、勇往直前、浴血奋战、百折不挠的长征精神。

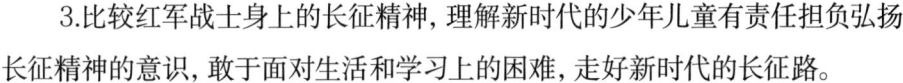
3.比较红军战士身上的长征精神,理解新时代的少年儿童有责任担负弘扬长征精神的意识,敢于面对生活和学习上的困难,走好新时代的长征路。

## 五、教学重点难点

### （一）教学重点

探究红军不怕远征难的原因,感悟百折不挠、浴血奋战、勇往直前、不怕牺牲的长征精神。

### （二）教学难点

树立学生的传承红色基因意识,使其能够在生活和学习中传承长征精神,能够走好新时代的长征路。

## 六、教学设计总体思路

旨在通过信息化手段,深入浅出地阐述只有中国共产党才能救中国的历史必然性和深刻内涵。首先,通过多媒体展示马克思主义在中国的传播历程,以及五四运动作为新民主主义革命开端的标志性事件,为中国共产党的创建打下坚实基础。其次,运用虚拟现实技术,重现井冈山斗争的艰苦环境,引导学生深刻理解开辟井冈山道路的重大意义,以及井冈山精神的丰富内涵。最后,通过长征途中的影像资料和互动模拟软件,让学生体验红军长征的艰辛与不易,理解红军为什么能够战胜重重困难,进而探讨新时代如何传承和弘扬长征精神。整个教学过程注重历史与现实的结合、信息化手段与传统教学的融合,旨在激发学生的学习兴趣,增强其对中国共产党伟大历史作用的认同感和自豪感。

## 七、教学过程

### （一）教学流程设计

#### 环节一：谈话导入，初识长征

*教师活动：*

1.谈话：同学们,你们了解长征吗?

2.出示毛泽东的《七律·长征》，初步感受长征路上的艰难险阻。

3.引导学生谈一谈自己最近遇到的困难。

学生活动：

1.根据课前收集的资料及个人已有认识，谈对长征的认识。

2.学习《七律·长征》，初步感受长征路上的艰难险阻。

3.根据最近学习、生活上遇到的困难说感受及处理方式。

设计意图：根据课前收集的资料、个人已有认识，以及毛泽东笔下的长征路，初谈对长征的认识。另外，谈话从学生生活入手，可以调动学生的学习积极性及学习兴趣。

**环节二：参观长征纪念馆，感受伟大的远征路**

教师活动：

1.介绍课堂小助手，红军小小讲解员轩轩，跟随他的脚步一起参观长征纪念馆。

2.出示红一方面军25000里长征路线图及沿途景观，标记从"瑞金"出发至"会宁"会师的路线长度，与"北京"到"南极洲中心"的路线长度进行对比，并用驱车驾驶的时间进行比较，感受红军战士长征路途遥远而艰辛。

3.带领大家走进文物展馆，出示长征时期各式各样文物图片：粮食、草鞋、手枪、被战士们嚼过的皮带等。

4.参观到这，你体会到了红军长征时遇到了哪些困难？

5.总结：气候环境的恶劣、生活条件的艰苦、遭受敌人"围剿"。

学生活动：

1.认识小小讲解员，并能够了解红军长征的原因。

2.通过数字比较，能够理解25000里的路途遥远，再谈红军长征的艰难。

3.通过参观感受红军战士条件的艰苦，再次感悟他们身上不怕苦难的精神。

4.全班交流，红军长征时还可能遇到了哪些困难。

设计意图：在小小讲解员的带领下走进纪念馆，学生更有身临其境的感受，通过直观的数字对比，联系学生的生活经验，引导学生感受红军长征路途遥远及途中环境的艰苦。引导学生通过文物直观地感受长征路上红军战士们遇到的困难。

**环节三：了解遵义会议的重要性**

教师活动：

1.过渡：其实在红军战士们与敌人进行的一次次战斗中，死伤最为惨重的是湘江战役。

2.出示湘江战役视频，总结：湘江战役是中央红军突围以来最壮烈、最关键的一仗。渡过湘江后，中央红军和军委两纵队的人数从8.6万人锐减到3万余人。

3.过渡：孩子们，我们红军战士们的前进路在哪？希望在哪？长征还要不要继续？正是在这生死存亡的关键时刻，我们中央红军在遵义举行了一次重大的会议——遵义会议。

4.总结：遵义会议开始确立了毛泽东在红军军事指挥上的领导地位，是中国共产党历史上生死攸关的转折点，是中国共产党从幼年走向成熟的标志。遵义会议后，我们红军继续排除万难，挥师北上。

学生活动：

1.观看湘江战役的视频，感受红军战士遇到长征路上最为严峻的考验，思考他们将如何面对。

2.理解在这样的情况下，红军战士们需要一场生死攸关的抉择——遵义会议。

3.自学并了解遵义会议对中国共产党的重要性，对长征前途的重要性。

设计意图：通过观看视频了解湘江战役的壮烈，学生能够理解遵义会议对中央红军、中国共产党的重要性。

**环节四：云参观长征体验馆，感受红军战士们的不畏困难、勇往直前**

教师活动：

1.播放视频《丰碑》，同学们，你们在生活中感受过极度的寒冷吗？能

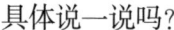

具体说一说吗?

2.当中央红军到达泸定桥时,敌人已把泸定桥上的木板全部拆卸,只剩下一条条铁链,放红军战士飞夺泸定桥的视频。现在,请你们以小组为单位进行讨论,究竟什么是长征精神。

学生活动:

1.观看视频,感悟红军战士的舍己为人。

2.比较个人生活,感悟红军战士们的不怕牺牲、勇往直前、浴血奋战、百折不挠的精神。小组合作尝试,并通过对比,感受红军战士们的长征精神。

设计意图:以学生为主体,调动学生生活经验,通过创设情境,激发学生探究兴趣。

**环节五:走好新时代的长征路**

教师活动:

1.引导学生思考:87年过去了,在如今的和平年代,我们还需要长征精神吗?为什么?播放红军战士向轩的故事视频。

2.出示习近平总书记讲话:"每一代人有每一代人的长征路,每一代人都要走好自己的长征路。"

3.引导学生写好自己的理想卡,传承新时代的长征精神。

学生活动:

1.思考和平年代为何要传承长征精神,观看视频感悟:任何年代都要走好长征路。

2.学习习近平总书记讲话,理解新时代的长征精神。

3.书写理想卡,对比之前面对困难时的表现,学习红军战士们的精神,争做新时代的好队员。

设计意图:学生理解虽然我们生活在和平年代,但我们依旧在新长征路上。我们应该在生活中敢于担当,学习上勇敢面对,勇敢实现理想,就是长征精神的延续。

（二）课堂小结

学生深入了解了红军长征的辉煌历史，感受了那段艰难岁月中红军战士们展现出的坚韧不拔和英勇无畏的精神。聆听了红军长征的背景，深入了解了遵义会议在长征中的关键性地位，它是红军在生死攸关之际作出的重要决策，为红军的胜利奠定了坚实的基础。

通过回顾红军翻越雪山、穿越草地、巧夺金沙江、强渡大渡河的壮举，学生们被红军战士们不怕牺牲、勇往直前、浴血奋战、百折不挠的长征精神深深感动。这种精神不仅是当时红军取得胜利的关键，也是今天面对困难和挑战时应该秉持的态度。

学生更加深刻地理解了新时代的少年儿童有责任担负起弘扬长征精神的重要使命；要将这种精神内化于心、外化于行，敢于面对生活和学习上的困难，不畏艰难，勇往直前，走好新时代的长征路。

（三）板书设计

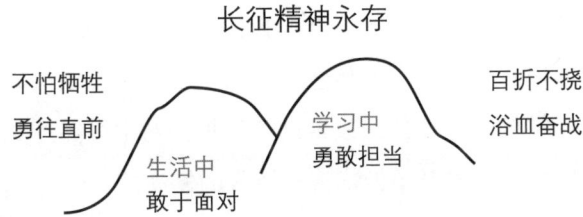

长征精神永存

不怕牺牲
勇往直前

生活中
敢于面对

学习中
勇敢担当

百折不挠
浴血奋战

（四）作业设计

请以"走好新时代长征路，争做新时代好队员"为主题，策划一次传承长征精神的主题升旗仪式，让更多的队员能感悟伟大的长征精神，赓续红色血脉。

学生通过本节课的学习，能够以小组合作的形式或自主设计的形式，将长征精神依托红军英雄故事、长征经典战役，或是现时代的长征英雄等，为全校师生讲述长征精神，以及新时代的少年儿童如何走好和平年代的长征路，传承长征精神，赓续红色血脉。

（五）参考资料

[1]毛泽东：《毛泽东选集》，人民出版社，1991年。

[2]朱德：《朱德选集》，人民出版社，1983年。

[3]李海文：《中国工农红军长征亲历记》，四川人民出版社，2005年。

[4]中共中央党史研究室：《红军长征纪实》，中共党史出版社，2016年。

## 八、教学总结与反思

本课是历史题材的道德与法治课，教材所呈现的史实材料很少。虽然道德与法治课堂对于历史不需详尽叙述，但如果历史事件与线索不清晰，学生的体会就不深；如果欠缺的史料完全由老师补充，学生也会产生枯燥、厌倦情绪，学习效果不佳。因此，这一课教学特别重视学生的自主学习，在课前准备中，我要求学生查阅相关史实资料、图片，收集整理故事，完成学习单，课堂上以学生的主观参与推动教学的层层递进。另外，为了更好地讲好长征故事，传达长征精神，我以学生喜闻乐见的"红军小小讲解员"的身份贯穿始终。学生能够跟随讲解员亲临红军长征纪念馆，通过参观几个展馆，能够更好地了解这段历史，并更好地感悟长征精神。本课结束后，我安排设计一场有关长征精神的升旗仪式，以帮助学生加深对中国共产党的认识，增强其敬党爱党的感情，激发其争做优秀接班人的使命感。

本单元看似诉说中华民族不屈不挠的抗争历史，其实是在借历史讲道理，传扬中华民族伟大的精神。所以，本课的每一课时教学活动都会探讨革命者的精神，并以小学生喜闻乐见的视频播放、讲故事、小辩论等形式开展活动，将革命精神的传承教育、爱国爱党爱人民教育贯穿全课始终。

在上课后，我也发现了一些问题。在红军长征体验馆的环节，让学生们对比自己遇到极寒天气时的场景和红军将士们过雪山的场景。许多学生没有去过雪山，或是在生活中遇到的此类情况较少。因此，这一问题应该改为另外的问题，以更适合学生回答。另外，课上没有给他们留下足够的时间去填写"理想卡"，如果时间足够，还是应该以这样的形式来检验学生是否能够理解新时代好队员在生活及学习中应该传承长征精神，更好地树立远大理想，坚定信念，为实现中华民族伟大复兴的中国梦贡献力量！

# 做一个传递爱心的人

大连市甘井子区南关岭小学　韩艳华

## 一、课程基本信息

**主讲课程：**道德与法治

**使用教材版本：**人民教育出版社（2019版）

**教材章节出处：**《道德与法治》三年级下册第三单元《我们的公共生活》第一课时《我们都有爱心》

## 二、教学设计概述

本课编写依据是《义务教育道德与法治课程标准（2022年版）》中指出：围绕核心素养，体现课程性质，反映课程理念，确立课程目标。本单元要培养的核心素养包括道德修养、健全人格、责任意识等。要让学生把道德规范内化于心、外化于行；遵守社会公德，相互尊重、助人为乐；做社会的好公民。要培养学生的道德修养，从感性体验到理性认知，形成健全的道德认知和道德情感，发展良好的道德行为。落实健全人格这个核心素养，要让学生有积极的思想品质，友爱互助；拥有同理心，相互支持、相互帮助。核心素养中责任意识要求学生有主人翁意识，关心集体、关心社会，具有担当精神，具有为人民服务的奉献精神。责任意识中的学段目标指出：热爱集体，积极参与集体活动和民主管理，有互助意识。本课是一节对学生情感、态度、方法教育并重的课。以关爱为主题的教学，不仅要重视情感、态度的教育，也要重视方法的指导，将课堂教学与学生的日常生活对接，充分利用好学生的生活经验，注重情感体验。要让学生体会到关爱他人是一件双方都会快乐的事情,关爱他人也是人们的内在需求。

本单元围绕"公共生活"这一学习主题,设计了《大家的"朋友"》《生活离不开规则》《爱心的传递者》三课内容。设计思路是从公共生活中具象的"物"过渡到公共生活中抽象的规范,最后落脚在充满关爱同情精神的公共生活上。因此,将本单元内容落脚在关爱、同情的社会情感上,从而培养学生形成懂关爱的公共生活观。教材没有说教的味道,内容是围绕着学习活动设计的。

本课由两个板块组成。第一个板块的话题是《我们都有爱心》,用正面案例引导学生愿意在日常生活中帮助他人,包含三个内容:自己关爱他人和被人关爱的经历、生活中隐藏的关爱、雷锋的故事。"活动园"设计的是一个献爱心的拓展活动,在教学中结合学生生活实际让学生感受关爱在身边,感受关爱带来的幸福。

课程理念中强调:遵循育人规律,强化课程一体化设计。以螺旋上升的方式呈现教育主题,强化课程设计的整体性。在统编道德与法治全套共计12册教材中纵向来看,一年级上册第十四课《健康过冬天——冬天有温暖》、二年级上册第十五课《可亲可敬的家乡人》、五年级下册第六课《我参与 我奉献》等内容让学生在学习本课时有一个包含感知、探究、体验的完整认知过程,促进学生知行合一。

## 三、学情分析

三年级学生的生活阅历较少,不太明白关爱他人的行为是不分大小的。虽然学生在日常生活中有过助人或被人帮助的经历,但是还需要通过回顾这些经历及其体验进一步激发帮助他人的意愿。学生一方面很少思考在日常生活中可以做哪些力所能及的事情,另一方面,对学校已有的活动认识不够,需要不断强化内在动力。还有一些学生因家庭原因(离异、单亲、父母不在身边)渴望被关爱。学生们善良、有同情心,有关爱他人的美好愿望。在教学中结合学生生活实际,让学生感受关爱就在身边,感受关爱带来的幸福。

3年2班,总员46人。29人没有参加过公益活动,占班级人数的63%,19人没有得到过别人的关心或帮助，占比41%；有6人不愿意去关心或帮助别人，占比13%。根据学生实际情况设计相应的教学活动内容，让学生知道家人、同学、陌生人的关爱都是关心和帮助。让学生展现对老年人和残疾人、小孩等弱势人群的关怀，有尊重和平等的观念，并愿意尽力帮助他们，积极参加力所能及的社会公益活动。

## 四、教学目标

1.列举日常生活中相互关心、相互帮助的事例。

2.感受生活中各种不同的关爱，能在日常生活中主动传递爱。

## 五、教学重点难点

### （一）教学重点

列举日常生活中人们相互关心、相互帮助的事例，感受其中的爱并愿意帮助别人。感受生活中各种不同的关爱，能在日常生活中主动传递爱。

### （二）教学难点

懂得帮助别人不仅温暖别人，而且自己也能收获快乐的道理。

## 六、教学设计总体思路

教师在设计本课时，依据学情，创造性地使用教材，利用身边事例，对学生进行教育，将课堂教学与学生的日常生活对接。学生在其生活中都有一些关爱他人或者被他人关爱的经历，教师应该充分利用这些生活经验，同时还要将课堂教学中的所思所得引向学生的日常生活，让课堂教学真的可以对其生活产生影响。从关爱他人后和被他人关爱后的情感体验切入，让学生从中体会到关爱他人是一件双方都会快乐的事情，关爱他人也是人们的内在需求。

教师以教材的编写思路为基础，在案例的选择上依托本班学生的生活经验。在开课时，让学生自主感知、初识爱心。导入环节采用身边的爱心图片，让学生谈认识；借助图片，获取信息，感知爱心在身边。

# 七、教学过程

## （一）教学流程设计

### 环节一：自主理解，感受爱心

教师活动：

1.播放绘本故事《小红的经历》。

2.回忆一下，你有过与小红类似的经历吗？你当时有什么感受？

3.小结：在我们的日常生活中，当我们遇到困难时，有很多有爱心的人在关心、帮助我们，他们的关爱使我们的内心感到温暖和快乐。

4.板书：被人关爱　感到温暖。

5.说一说，你曾经给过别人什么关心或帮助？

6.板书：帮助别人　快乐自己。

学生活动：

1.思考小红得到了哪些人的关爱？

2.小组交流。

3.汇报交流成果，说自己的事例。

设计意图：通过整合教材主题图、出示爱心图片、提出问题等形式，让学生感知爱心并不遥远，激活学生的生活经验。爱心就是日常生活中同学、老师、亲人以及陌生人之间的关心和帮助，让学生初步认识和体会日常生活中显而易见的爱心。

### 环节二：自主探究，寻找爱心

教师活动：

1.杨帆做了哪些事？

2.找一找，在你的身边有这样乐于关心或帮助别人的同学吗？

3.出示课件，讲解爱心卡的制作要求。每个同学的桌面上都有爱心卡，伴随音乐先制作爱心卡，能做几个做几个。音乐停、制作停。

4.播放音乐，传递爱心。送爱心卡时，悄悄地问：你为什么赠送爱心卡给他？

5.同学们，你们都得到爱心卡了吗? 你因为做了什么，得到了爱心卡?

6.小结: 有些爱心是显而易见的, 有的则是不露痕迹的, 需要我们用心感受。我们要做生活的有心人，在细节处体验和感受他人的关爱。赠人玫瑰，手有余香。

7.板书: 画两颗心。

学生活动:

1.看教材第65页"阅读角"。

2.说一说杨帆的爱心故事。

3.制作爱心卡。

4.赠送爱心卡。

5.说一说自己的想法。

设计意图: 通过让学生自主阅读、交流感受，引导学生发现隐藏在身边的爱心，懂得他们的心中有他人。通过找一找、说一说、制作爱心卡、赠送爱心卡等活动，引导学生发现和感知心中有他人，生成价值认同感，进而激发学生在生活中用自己的实际行动为班级和同学着想，感受生活因无处不在的爱心而美好。

**环节三: 自主运用, 传递爱心**

教师活动:

1.在帮助别人方面，有一个解放军战士做得特别好，大家知道他是谁吗?

2.出示雷锋图片、简介。雷锋是一个充满爱心的人。

3.同学们，雷锋做的事，都是人人可学、人人可做的事情。你还知道雷锋叔叔哪些乐于助人的故事?

4.雷锋在他短短22年的生命里，做了无数的好事。我们来看一个学习雷锋的宣传视频。出示视频: 学雷锋宣传教育片。

5.出示学雷锋题词图片。通过学习，大家觉得雷锋是一个怎样的人? 伟大领袖毛泽东主席向全国人民发出向雷锋同志学习的号召。后来，每年的3月5日被定为学雷锋纪念日。2024年3月5日是"向雷锋同志学习"题词61周年的纪念日。半个世纪过去了，我们一代又一代少年儿童仍然学习雷锋、传承雷锋精神。学校自动化假日小队的少先队员走进大连北站、地铁站，和工作人员一起为旅客服务，做力所能及的事，用实际行动传承雷锋精神。

6.出示学雷锋社会公益活动图片。生活中，我们都知道学习雷锋好榜样，可是，生活中也会遇到这样的情况，你会怎么想？

7.出示图片。放学的公交车上，小明刚要坐下，上来一位年迈的老爷爷，站在了自己的旁边，可是，上了一天课，小明也很累。如果你是小明，你会怎么做？

8.小结：可见，有的爱心是举手之劳，有的是一种付出和奉献。在别人遇到困难时，我们需要伸出援助之手，把自己的爱心变成行动，用行动传递爱心！

9.播放视频《雷锋式好少年》。

**学生活动：**

1.说一说雷锋。

2.阅读教材第66页爱心故事《雨中送母子》。

3.分享交流雷锋的爱心故事。

4.观看学雷锋宣传教育片。

5.自主思考体会。

6.互动交流，谈想法。

7.同唱《学习雷锋好榜样》。

设计意图：通过阅读教材、分享交流、观看视频、图片出示、道德思辨等形式，引导学生感悟雷锋精神，传承雷锋精神，让学生能够在自己的日常生活中像雷锋一样，在他人有困难和需要时伸出援助之手，做一个传递爱心的人。

**（二）课堂小结**

播放视频《争做雷锋式好少年》结束本课，自主升华情感。通过关于如何践行爱心、传递爱心的交流，激励学生学会关注生活中需要关心和帮助的人，培养同情心和共情的能力。开展"爱心传递在行动"课外实践活动，让学生真正将爱心传递到实处，做到知行合一。

同学们，爱是无私的奉献，我们都在爱心中孕育生长，再把爱的种子撒播到四方。我们要在爱心中大声地歌唱，再把爱的幸福带到每个人身上，我们都是爱心的传递者。

本课是一个对学生情感、态度、方法教育并重的课，教师不仅要重视情感、态度的教育，也要重视方法的指导。利用好教材及身边的事例，将课堂教学与学生的日常生活对接，让课堂教学对其生活产生影响。

## （三）板书设计

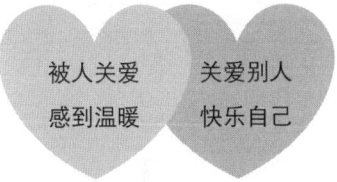

爱心的传递者　我们都有爱心

被人关爱　关爱别人
感到温暖　快乐自己

## （四）作业设计

**我的表现**

请在符合自己情况的格子里面画上一个小爱心。

做得很好，画三个♥。做得一般，画二个♥。做得不好，画一个♥。

| 表现 | 很好 | 一般 | 还需努力 |
|---|---|---|---|
| 我能尽全力帮助别人 | | | |
| 在别人不知道的情况下，我默默做一些帮助他人的事情 | | | |
| 即使没有表扬，我仍然愿意帮助他人 | | | |
| 看到别人遇到困难，我会自然产生同情心 | | | |

1-3 名同学组成爱心小组，通过微信或电话形式制订爱心计划。注意安全，活动过程请家长知晓并邀请家长一同参与。

我们是　　　　　　　　　　　　　　爱心小组（给小组取个好听的名字吧！）

成员有：

我们计划开展的爱心活动是：

我们帮助的人群是：

我打算这样做：

制订完成爱心计划，让我们把爱心变成行动吧！同时记录自己的爱心行动和感受。

"爱心传递在行动"记录表

| 时间 | 地点 | 爱心行动 | 有人看到吗 | 我的感受 |
|------|------|----------|------------|----------|
|      |      |          |            |          |
|      |      |          |            |          |
|      |      |          |            |          |
|      |      |          |            |          |

### （五）参考资料

[1]中华人民共和国教育部：《义务教育道德与法治课程标准（2022年版）》，北京师范大学出版社，2022年。

[2]人民教育出版社课程教材研究所小学德育课程研究开发中心：《义务教育教科书教师教学用书.道德与法治五年级.下册》，人民教育出版社，2019年。

[3]中华人民共和国教育部：《义务教育品德与社会课程标准（2011年版）》，北京师范大学出版社，2011年。

## 八、教学总结与反思

《爱心的传递者》是统编版小学《道德与法治》三年级下册第三单元《我们的公共生活》第10课。本课所在的单元围绕"公共生活"这一学习主题，从公共生活中具象的"物"，过渡到公共生活中抽象的规范，最后落脚在充满关爱、同情的社会性情感。本节课以多种形式落实核心素养，有道德修养（社会公德）、健全人格（友爱互助、要有同理心、互助精神）、责任意识（担当精神）等核心素养。

1.教学内容的生活化

根据教学需要,通过"最美瞬间"摄影活动、资料收集(利用身边素材)、参加社会公益活动等,丰富了课程资源,拓宽了学生的视野,有利于实现教学目标,符合学生的心理特点。把教学内容与本校的实际有机结合起来,同时关注社会新的发展和变化,增强课程内容的现实性和亲近感,使本课教学走出学校、走进家庭和社会。这体现了课程的活动性、开放性和实践性。

2.教学活动的多样化

本课充分调动了学生的感官,引导他们学会观察和倾听,做一个生活的有心人。通过出示相关的照片、绘本故事、视频等,使学生在活动中学习,在活动中发现生活的美,抒发对生活的爱。教学中对教材进行灵活处理使用。教学活动基于教材,又高于教材,对教材有取舍。如把第64页的问题"我帮助别人"环节融入教材第66页雷锋环节的教学;通过整合教材第64页主题图《小红的一天》、出示爱心图片、播放微视频等形式,让学生感知爱心并不遥远,爱心就是日常生活中同学、老师、亲人以及陌生人之间的关心和帮助,初步认识和体会爱心传递的美好。

3.学生参与的自主化

在教学中尊重学生的主体作用,使学生真正成为学习、探究的主人。学生课前收集了爱心名言、雷锋的故事,为自主学习、实践、探究搭建平台。教师能够充分挖掘教材的育人价值,通过与学生的对话,为学生搭建桥梁等方式,将学生的思维引向深度思考。

# 创新成就美好生活

大连市第五十八中学　尹　璐

## 一、课程基本信息

主讲课程：道德与法治

使用教材版本：人民教育出版社（2021版）

教材章节出处：《道德与法治》九年级上册第一单元《富强与创新》第二课《创新驱动发展》第一节《创新改变生活》

## 二、教学设计概述

本课所依据的义务教育道德与法治课程标准，要求了解我国在科技、教育发展方面的现状，理解实施科教兴国战略的现实意义，认识科技创新的必要性，独立提高自身素质；了解党领导人民解放思想、锐意进取，创造了改革开放和社会主义现代化建设的伟大成就；了解党领导人民自信自强、守正创新，创造了新时代中国特色社会主义的伟大成就。

本节课是部编版《道德与法治》九年级上册第一单元《富强与创新》第二课《创新驱动发展》第一节的内容。就知识储备而言，通过历史课的学习，学生对人类发展史和中华民族的历史有了一定的认识；通过八年级的学习，学生已经具备基本的法律常识；通过对本册第一课的学习，学生对于我国的改革开放事业有了基本的认识。在此基础上，应引导学生从历史发展的角度辩证地看待中国发展，从人类文明发展的视角认识中华优秀传统文化中的创新基因，从而建立文化自信。对于改革开放攻坚阶段的中国而言，创新显得尤为重要。

本课的教学设计采用播放视频的信息化手段，能够吸引学生学习的兴趣，紧抓学生的注意。让学生通过对自己旧物改造设计理念的分享，探究创新与生活的关系；引导学生明确创新来源于生活，创新让生活富有乐趣，生活处处有创新，激发学生的感性体验，培养动手能力和创新意识。学生通过小组的探究与讨论，培养自主学习意识，能够尽可能通过案例和材料归纳所学知识点。

采用情境教学法，在创设情境中，从纵向的角度展现历史发展的脉络，展示中国古代科技发明成就，帮助学生感受中华民族的创新文化和创新基因。同时也从横向的角度展现当今世界的创新发展动向。通过国家之间的创新战略的对比，引导学生感受时代创新的氛围，从而让学生形成认识、达成情感共鸣。

通过以上教学手段和方式，帮助学生全面系统深刻地理解创新，体会创新成就美好生活，热爱创新，增强创新意识和自身责任感、使命感，通过感受创新，提高创新能力，自觉投身到创新实践中，尽自己的力量推动创新发展。

## 三、学情分析

九年级学生相对已有较为丰富的生活经验，理解和动手操作能力较强，形成了对创新的感性认识，这为本课奠定了重要的基础。但是学生对创新的理解层次较浅，往往局限于从科技发明的角度理解创新，而较少从文化、制度等角度理解创新，尤其将创新驱动发展上升到战略层面了解较少。这需要帮助他们形成对创新的全面、理性的认识。通过本册第一课的学习，学生对于我国的改革开放事业有了基本的认识，在此基础上，应引导学生从历史发展的角度辩证地看待中国发展，从人类文明发展的视角认识中华优秀传统文化中的创新基因，从而建立文化自信。基于以上学情，对于正处于改革开放攻坚阶段的中国而言，创新显得尤为重要。我们要引导学生从更为宏观的角度看待当下中国的发展，从而培养民族担当意识，树立远大理想。

## 四、教学目标

1.健全人格：学生分享在劳动课时对旧物的改造，探究创新对个人的作用，正确认识自身的创新能力和创造潜力，进而理解自己的创新能力与社会和国家的关系。

2.责任意识：学生通过对中国古代四大发明的了解和古代中国对各个领域的创新和探究，培养热爱科学的精神，增强自身的责任感和使命感，立志为个人成长、社会进步、国家发展提升自身创新能力。

3.政治认同：学生通过观看视频《习近平总书记在庆祝改革开放40周年大会上的讲话》片段和《对深圳改革开放至今的变化》，认识到改革开放是当今世界最大的创新，树立道路自信，在感受国家创新成就中培养民族自豪感。

4.法治观念：学生通过对各国创新战略的提出的理解和我国对创新的重视，体会创新与美好生活的内在联系，认同创新的价值，支持我国改革创新事业。

## 五、教学重点难点

### （一）教学重点

创新的作用——我国要建成世界科技创新强国，必须落实科教兴国、人才强国战略、创新驱动发展战略，必须培养创新型人才。因此，通过学生的动手操作分享及对国家时政热点的分析理解，能帮助学生理解创新对个人、社会和国家的作用。

### （二）教学难点

理解实施创新驱动发展战略的重要意义——创新是一个国家兴旺发达的不竭动力，也是一个政党永葆生机的源泉。我们要推动以科技创新为核心的全面创新，让创新成为推动发展的第一动力。

## 六、教学设计总体思路

本节课共设置三个教学环节，体现了义务教育阶段道德与法治课程中的健全人格、责任意识、政治认同和法治观念的核心素养目标。

第一部分为课程导入。播放纪录片片段《筑梦太空》,帮助学生了解从古至今人们对飞天梦的不懈努力,得出飞天梦能够发展和实现的原因,从而引出本节课主题——创新。

第二部分为新课讲授。由于学生已有生活经验,因此在讲授新课时首先通过分享自己在劳动课上对旧物的改造来了解创新对个人的作用。通过古代中国四大发明和其他创新,以及各国与中国之间的创新战略,通过小组讨论探究的方式来突破本课重点——创新的作用(对国家和社会)。最后利用信息化手段播放视频片段《习近平总书记在庆祝改革开放40周年大会上的讲话》并结合材料《深圳的发展》来探究改革与创新的关系。

第三部分为课堂小结。通过播放视频片段《创新正青春》,激励学生树立创新意识,勇于创新,为实现中华民族伟大复兴贡献自己的力量。

## 七、教学过程

### (一)教学流程设计

**环节一:导入新课**

教师活动:播放央视纪录片片段《筑梦太空》,提出问题:中国人民是如何一步步筑梦太空的?你是怎样理解创新的?我们千百年来在各个领域都会有创新,创新是如何影响我们的,进而推动国家富强的?那么今天让我们一同走进《创新成就美好生活》。

学生活动:学生观看纪录片并思考教师所提出的问题,感受祖国的强大和在太空方面所取得的成就。谈谈自己对创新的理解。

设计意图:通过观看视频,调动学生对本节课知识学习的兴趣,也帮助学生更加了解国家和社会因创新带来的变化,从而为本课的学习奠定基础。

**环节二: 创新的来源与含义**

教师活动:通过视频,你能否总结归纳出创新来自哪里以及它的含义是什么?创新来源于生活,生活处处有创新。它是一种生活方式,涉及科技、艺术等生活中方方面面的领域,个人与团队灵光乍现的顿悟或年复一年的积累而进行的创造发明、改进完善等都是创新。

学生活动：结合视频及教材总结出创新来源于生活。说明自己对于创新的理解。

**环节三：创新对个人的作用**

教师活动：教师引导学生上台展示成果，并总结：创新给我们带来惊喜，让我们获得成就感，创新点燃激情，让我们充满活力，创新改变我们的思维方式，让我们勇敢面对挑战，激发潜能，超越自我。

学生活动：展示在劳动课上改造的旧物或自己创造的新物品，分享自己的设计理念、在设计过程中遇到的问题及成功后的感受。

设计意图：生活中的小创意，帮助学生感受到生活处处有创新，创新是一种生活方式，我们要去激发自己的创造潜力，从而在学习和生活中用创新的思维去学习成长。

**环节四：创新对社会的作用**

教师活动：向学生展示中国古代四大发明图片，提出问题：中国的四大发明对我国乃至世界的进步起到了什么作用？

学生活动：思考，回答问题：创新是推动人类社会向前发展的重要力量。

教师活动：出示材料：除了四大发明之外，古代中国，尤其是15世纪之前，在农业、天文学、工程技术、医学、数学、音乐等领域的科技发明至少有100项"世界第一"，如铁犁、吊桥、瓷器、伞等。创新作为中华文明深厚的内涵，不仅为人类文明进步做出过巨大贡献，而且将成为推动国家兴旺发达的不竭动力。你对我国古代科技发明了解多少？从中获得哪些启发？有哪些创新深刻地改变了我们的生活？

学生活动：阅读材料，小组合作探究，结合教材，与教师一同总结创新对社会的作用：创新让生活更美好、便捷、舒适和丰富多彩，生活的各个领域都需要创新，都可以创新。知识的创新提供新的思想和方法，技术的创新促进生产力发展、增加财富，制度的创新促进公平正义、推动社会进步。

设计意图：让学生通过小组合作探究和自主总结知识点，在互相讨论中补充，将我国的四大发明从古至今联系起来，这能够帮助学生对创新在社会层面的作用有更为全面的认识。

**环节五：创新对国家的重要性**

教师活动：出示材料：

（1）2012年，党的十八大提出实施创新驱动发展战略。2013年，德国提出"工业4.0战略"。2014年，印度把"印度制造"列为国家战略。2015年，美国发布最强版《美国国家创新战略》。2016年，韩国提出包括人工智能、无人驾驶技术等九大国家战略项目。

（2）2016年，中共中央、国务院发布《国家创新驱动发展战略纲要》，提出到2050年建成世界科技强国。2020年10月21日，中国加强重大科技基础设施建设和开放共享，部署建设了一批国家重大科技基础设施，建设了500米口径的球面射电望远镜、散裂中子源等一批"国之重器"，支持建设了20个国家科学数据中心。2023年12月21日，中国采取国家级鼓励政策，中央发布新政：支持发展干细胞与再生医学、新型疫苗、生物治疗、精准医学等医学前沿技术。

学生活动：阅读材料，小组讨论，并思考老师提出的问题：①各国战略发展重心的确立或转移说明了什么？②我国对于创新提出了许多政策，越来越重视，这说明了什么？小组选派代表发言，与教师一同总结知识点——创新对国家的重要性：①时代发展呼唤创新。创新已经成为世界主要国家发展战略的重心，在激烈的国际竞争中，唯创新者进，唯创新者强，唯创新者胜。②创新驱动是国家命运所系。实施创新驱动发展战略，推进以科技创新为核心的全面创新，让创新成为推动发展的第一动力，是适应和引领我国经济发展新常态的现实需要。

设计意图：通过了解各国战略的确立和我国对于创新的支持，能够看出不论在中国还是世界，创新的地位尤为重要。在小组探究过程中，明确创新驱动是国家命运所系，实施创新驱动发展战略，推进以科技创新为核心的全面创新，让创新成为推动发展的第一动力，是适应和引领我国经济发展新常态的现实需要。

### 环节六：改革与创新的关系

教师活动：

1.播放视频：《习近平总书记在庆祝改革开放40周年大会上的讲话》片段。

2.出示材料：深圳经济特区在中国改革开放的进程中，创造了第一家中外合资股份制企业、第一个万元户村等众多"中国改革第一"。深圳从一个边陲小镇发展成为国际大都市。随着改革纵深推进，深圳又提出"特别能改革，特别能开放，特别能创新"的发展定位，先后推出多项重大改革，并取得阶段性突破。进入新时代，深圳踏上了建设中国特色社会主义先行示范区的历史新征程，坚定不移贯彻落实党中央决策部署。

结合视频与材料思考。

学生活动：结合视频和材料思考：深圳是一座因改革而生、因创新而兴的城市，从深圳的发展中可以看出，创新对改革有什么作用？它们有什么关系？发言总结：①创新是改革开放的生命，我国改革开放事业进入攻坚克难的关键时期，更加呼唤改革创新的时代精神。改革在不断创新中提升发展品质，创新通过改革渗透到社会生活的方方面面。改革创新推动中国走向富强。②国家用改革之手激活创新引擎，释放更多创新活力，让广大人民群众通过创新更好地分享改革发展成果。中国正走在通往国强民富的创新路上。

设计意图：本环节通过观看视频和阅读材料，通过教师讲授，帮助学生理解分析改革与创新的关系，从而引发学生确立实现中华民族伟大复兴的重要理想，将个人的梦想与中国梦相结合。

## （二）课堂小结

回顾本课学习的内容——创新对个人、社会、国家的影响和重要作用以及创新和改革的关系。最后以纪录片片段《创新正青春》结束本课内容。

未来是属于年轻人的，同学们也终将接过历史的接力棒，希望在今后的学习中，努力学习，不断发扬创新精神。今天播下创新的种子，明天定会收获丰硕的果实！

## （三）作业设计

以小组为单位，为班级设计一款班旗，并在下节课上课时分享设计理念,感受创新带给我们的喜悦。

## （四）板书设计

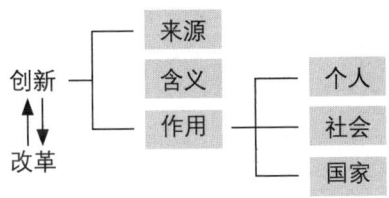

## （五）参考资料

[1] 中华人民共和国教育部:《义务教育道德与法治课程标准（2022年版)》,北京师范大学出版社,2022年。

[2]央视纪录片《筑梦太空》,https://www.bilibili.com/video/BV1ss411W7HT/.

[3]习近平总书记在庆祝改革开放40周年大会上的讲话,https://tv.people.com.cn/n1/2018/1218/c141029-30473932.html.

[4]纪录片《创新正青春》,https://tv.cctv.com/2022/03/02/VIDESdiHWNxLWufyvOncqOfg220302.shtml.

## 八、教学总结与反思

成功之处:本节课主要围绕创新展开,感受创新和创新引擎。学生结合身边的实际内容比较容易理解创新。同学之间的分享,帮助他们对创新有了更为全面的认识。创新对国家的意义比较宏大,学生理解和学习有一定难度,这要求学生有一定的学科基础和素养,通过小组探究解决问题,结合具体事例,如各国创新战略、习近平总书记的讲话等来阐述,这样相对易于理解,有效解决难点问题。

不足之处:学生在上课时不能全面准确地概括,因此教师可以在学生回答问题时继续追问,不断引导学生说出正确答案,与学生一同总结知识点,帮助学生更好地意识到创新的重要性。

# 以抗美援朝精神为引领，做生命的守护者

大连汇文中学　孙千惠

## 一、课程基本信息

**主讲课程**：道德与法治

**使用教材版本**：人民教育出版社（2016版）

**教材章节出处**：《道德与法治》七年级上册第四单元《生命的思考》第九课第一课时《守护生命》

## 二、教学设计概述

初中学段是小学高年级段的延续，与高中阶段相连接，是学生培育道德品格，形成世界观、人生观、价值观的重要时期。因此，根据《义务教育道德与法治课程标准（2022年版）》，本节课在教学设计过程中要实现以下三个目标：第一，从教学的整体角度来说，学生需要在课堂中获得政治认同、道德修养、法治观念、健全人格、责任意识五大核心素养的培育，增强做中国人的志气、骨气、底气，成为担当民族复兴大任的时代新人。第二，从生命安全与健康教育这一主题来说，学生通过本节课的学习能够树立正确的人生观、世界观和价值观，尊重和敬畏生命、热爱生活，追求生命的高度，成就幸福人生。第三，从知识能力目标达成的角度来说，通过本节课的学习，学生能够知道怎样爱护身体，掌握一些基本的自救自护方法，从而养成健康的生活方式，提高安全防范能力，进行基本的自救自护，最终能够珍视生命、对生命负责；知道怎样养护精神，了解中华优秀传统文化，从而学会面对复杂的社会生活、以真善美为标准、做出正确的道德判断和选择，最终能够认同中华

文化、弘扬民族精神、自觉守护精神家园。

因此，依据大概念教学理论和深度学习概念，为实现"有意义的学习"所涵盖的主动性、建构性、合作性、真实性、目的性五大维度，本节课从学生的主体性学习、对话性学习、协同性学习三个角度出发，建立了以时事热点"第十批抗美援朝志愿军烈士遗骸回国"为主要议学情境的贴近学生生活实际的议题式学习模式，通过三个分议题"爱护身体，谱写生命的长度""养护精神，追求生命的高度""爱己及人，积淀生命的厚度"的讨论，得出总议题"如何做生命的守护者"的方法论。完成对教材中基本知识点的总结，达成教学目标。

## 三、学情分析

根据2023年4月世界卫生组织发布的数据可知，诸如道路交通和溺水等意外伤害是导致青少年死亡和残疾的主要原因。根据联合国儿童基金会发布的报告可知，全球每年有近4.6万名青少年死于自杀，自杀是10—19岁青少年死亡的五大原因之一。这些数据一方面说明当前学生缺乏必要的生命安全和自我保护意识，缺少必需的自救自护常识，安全防范能力较低；另一方面说明随着自我意识的发展，学生在这一时期容易产生心理脆弱的问题，并且很多人无法以正确的方式解决问题，甚至会导致过激行为的发生，对生命的认知较为浅薄，对待生命的态度较为随意。除此之外，基于之前几课时的教学内容安排，学生对生命有了初步的认识，了解了生命的特点，理解了生命的内涵，并产生了敬畏生命的基本情感。但是，由于青少年自身年龄较小，对生命的理解还不够深刻，需要逐步引导，使其能够理解爱护身体、养护精神的重要性，并学会珍爱生命的方法，真正做到对生命负责。

## 四、学习目标

通过阅读征兵标准材料，观看挑选官兵执行任务时需要进行心理测试的视频，参与地震、拥挤人群、火灾等真实情境的模拟演习，学会关注自己的身体，养成健康的生活方式；学会爱惜自己的身体，知道爱惜身体需要关注自己的内在感受；学会基本的自救自护方法，增强安全意识、自我保护意识，提高安全防范能力。从而形成对待生命的正确态度，理解生命的宝贵。

通过观看抗美援朝战争中中美物资差距对比与战争结果对比的视频，参与角色扮演等活动，理解养护精神不完全受物质生活条件和外部环境的制约，形成对物质与精神的辩证关系的正确认识；明确养护精神离不开优秀传统文化的滋养，知道要在个人世界的充盈中弘扬民族精神。从而在生活中主动追求精神生命价值，深刻理解生命的意义，产生对生命的敬畏之情。

通过观看生活中有哪些人在为我们守护的视频，书写"做生命的守护者"计划书，理解生命的守护不仅在于守护自己的生命，更在于守护他人、守护国家、守护民族的生命，追求生命的高度与生命的意义，感悟守护生命带来的美好，提高道德修养。

## 五、教学重点难点

### （一）教学重点

掌握基本的自救自护方法，学会爱护身体。

### （二）教学难点

理解守护生命更要养护精神，充盈精神生活，弘扬民族精神。

## 六、教学设计总体思路

本节课以时事热点"第十批抗美援朝志愿军烈士遗骸回国"为主要研学情景，首先通过视频吸引学生兴趣，明确学习主题。然后通过视频播放、案例分析、情景模拟、实操演练、小组合作等活动环节，完成三个分议题"如何谱写生命的长度？""如何追求生命的高度？""如何积淀生命的厚度？"的讨论，进而得出"如何做生命的守护者？"的方法论。最后，学生依据本节课所学知识，设计制作"做生命的守护者"计划书，在小组内相互交流、合作完善，并到台前进行展示。使学生能够加深对本节课所学知识点的理解，并将课堂的理论学习转化为学生日常生活的行动指南，实现深度学习下的"教—学—评"一体化。

## 七、教学过程

### （一）教学流程设计

**环节一：新课导入：如何做生命的守护者**

教师活动：

1.播放视频《第十批抗美援朝志愿军烈士遗骸回国》，对视频进行简单解读。

2.语言过渡，引出学习主题。

3.出示议题，展示学习任务。

学生活动：

1.观看视频，体会志愿军为守护生命做出的牺牲。

2.理解生命的守护是一件伟大而又重要的事情。

3.明确学习主题，了解学习目标。

设计意图：通过播放视频吸引学生的学习兴趣，同时奠定爱国主义教育的整体基调，使学生能够通过观看视频理解并认同当今的美好生活是先辈们用自己的生命为我们守护，为了不辜负先辈们的牺牲，我们应该守护好自己的生命这一观点，揭示本课主题。

**环节二：爱护身体，谱写生命的长度①**

教师活动：

1.拟设议学情境，提问：如果你生活在当时那个年代，你是否也想成为志愿军中的一员，为守护生命而出征？

2.肯定学生们的积极回答，出示现代征兵标准研学资料，并设问：①你是否符合现代征兵标准？哪些符合？哪些不符合？②如果不符合，你需要如何改善自己的生活方式才能达到标准？引导学生充分利用教材开展小组讨论。

3.多元化评价学生回答，并总结基础知识点：守护生命首先要关注自己的身体。关心身体的状况，养成健康的生活方式，是一种对生命负责任的态度。

学生活动：

1.积极参与课堂互动，感受个人与国家之间的命运联系，回答问题。

2.认真阅读议学材料，并在学案中记录问题的答案，根据自己的回答与小组内同学积极开展交流讨论，学会用正确的方式表达自己的观点，能够认真聆听他人的回答并提出自己的观点。

3.利用教材辅助自己总结基础知识点，掌握养成健康生活方式的方法。

设计意图：通过师生互动、自主学习、小组讨论的方式，使学生理解拥有健康体魄对于个人乃至国家的重要性，帮助学生反思当前的不良习惯、学会健康生活的方式方法。

### 环节三：爱护身体，谱写生命的长度②

教师活动：

1.语言过渡并播放视频，引导学生思考：如果想要成为志愿军中的一员还需要从哪个方面爱护自己的身体？

2.根据学生回答，引导学生理解生活中难免发生自己内心的需要得不到满足的情况，并指导学生正确地调节。

学生活动：

1.认真观看视频，理解关注自己内心感受的重要性。

2.结合自己的生活实际积极回答问题，学会正确对待自己的内心需求，掌握关注自己内在感受的方法，能够在生活中做到不伤害自己。

设计意图：通过观看挑选官兵执行任务时需要进行心理测试这一视频，明确爱护身体还需要关注自己的内在感受，认识到以正确的方式对待内心需求不被满足的情况的必要性，理解生命的宝贵，从心理角度做到爱惜自己的身体。

### 环节四：爱护身体，谱写生命的长度③

教师活动：

1.语言过渡并创设情境，让学生回答不同情境下的自救自护方法并给予纠正和补充。

2.组织学生进行模拟演练，并带领学生发现演练中存在的问题，培养学生自救自护意识。

3.带领学生总结基础知识点：爱护身体还要增强安全意识、自我保护意识，提高安全防范能力，掌握一些基本的自救自护方法。

4.引导学生概括基础知识点并进行阶段总结，得出议学成果一。

学生活动：

1.积极思考并结合以往所学及生活经验常识回答问题。

2.认真参与模拟演练，发现在地震、火灾两种常见情境中自己及同伴逃生方式存在的问题，并总结。

3.根据教师的指导，掌握基本的自救自护方法。

4.积极参与阶段总结，完成分议题一的目标任务。

设计意图：学生通过参与发生地震、遇到拥挤人群、发生火灾等真实情境的模拟演习，让学生学会基本的自救自护方法，并通过实践活动将所学知识加以运用，增强学生安全意识、自我保护意识，提高安全防范能力。再次明确守护生命需要从三个方面爱护自己的身体。

**环节五：养护精神，追求生命的高度①**

教师活动：

1.组织学生观看视频并阅读议学材料，引导学生思考问题：在抗美援朝战争中，中国与美国力量相差悬殊，志愿军们靠什么取得了胜利？引导学生得出答案。

2.语言过渡，组织学生进行角色扮演，引导学生说出启示，多元化评价学生的回答。

3.带领学生总结基础知识点。

学生活动：

1.认真观看视频、阅读材料，积极思考并认真回答问题。

2.学生参与角色扮演，根据角色扮演中主人公的行为结合自己的生活实际做出评价，积极思考对自己的启示，并认真回答问题。

3.充分利用教材，总结基础知识点。

设计意图：通过抗美援朝战争中中美物资差距对比与战争的结果对比，

让学生更加深入地体会中国人民志愿军战士们英勇顽强、舍生忘死、为完成祖国和人民赋予的使命而慷慨奉献自己一切的伟大精神，进而通过角色扮演活动，认识到在物质生活丰富的今天，过度的物质追求、物质攀比会导致我们丧失对真、善、美的体验，丢失精神世界的财富，形成对物质与精神的辩证关系的正确认识，从而理解守护精神生命的重要意义。

**环节六：养护精神，追求生命的高度②**

教师活动：

1.语言过渡，引导学生积极思考：日常生活中哪些活动可以帮助我们养护精神？多元化评价学生回答。

2.带领学生总结基础知识点，并进行阶段总结。

学生活动：

1.跟随教师的引导，结合自己的生活实际积极思考，回答问题。

2.总结基础知识点，并进行阶段总结，得出分议题二的议学成果。

设计意图：通过让学生体会日常生活中的优秀传统文化活动对精神生活的滋养，增强学生主动锻炼个性心理品质、磨砺意志、陶冶情操的积极性，明确养护精神离不开优秀传统文化的滋养，做到在个人世界的充盈中弘扬民族精神。

**环节七：养护精神，追求生命的高度③**

教师活动：

1.语言过渡，并播放视频，引导学生体会在日常生活中，有很多人正以自己的方式在为我们的生命而守护。并提问：身为中学生的我们，能够为守护生命做些什么？

2.鼓励性评价学生的回答，点拨学生生命的意义更重要的是在于创造和奉献。引导学生结合本课所学完成"做生命的守护者"计划书。

3.引导学生到台前进行展示，对学生的计划进行指导并给予肯定，总结升华本课主题。

学生活动：

1.认真观看视频并积极回答问题，体会守护生命对于自己、对于他人、对于社会、对于国家和民族的重要性。并发掘自身的潜能。

2.结合本节课所学的基础知识点，认真完成计划书，并进行设计。

3.主动参与课堂活动，到台前将自己的成果进行展示，在日常生活中将所学理论应用到生活实践中去。感受守护生命的重要意义，形成正确的人生观、世界观、价值观。

设计意图：让学生观看生活中有哪些人在为我们守护的视频，感受生活中他人为守护我们的生命所做出的贡献与牺牲，理解生命的守护不仅在于守护自己的生命，更在于守护他人、守护国家、守护民族的生命。通过书写"做生命的守护者"计划书，总结课堂所学，将课堂的理论学习转化为日常生活的行动指南。使学生能够在日常生活中追求生命的高度与生命的意义，形成要为实现中华民族伟大复兴贡献力量的情感价值。

**（二）课堂小结**

守护生命是73年前抗美援朝志愿军的义无反顾，更是每一个普通人的默默付出。希望同学们今后能够爱护好自己的身体，养护好自己的精神，为实现中华民族伟大复兴的中国梦贡献出自己的力量。守护好自己的、他人的、社会的、国家的、民族的生命。谱写生命的长度、追求生命的高度、积淀生命的厚度。无愧于自己的一生！

**（三）板书设计**

**（四）作业设计**

进一步完善"做生命的守护者"计划书。

要求：

（1）充分结合本课所学知识点，切实可行、大方美观。

（2）以"师评+互评"的方式为作业进行评定。

（3）评价标准：

A：知识点总结全面、准确，计划可行性强，设计美观大方。

B：知识点总结准确且较为全面，计划安排基本可行，设计较为美观大方。

C：知识点总结较为准确，计划有一定的可行性，设计较为美观。

D：知识点总结有错误，计划毫无可行性，设计不美观或没有完成作业。

## （五）参考资料

[1]中华人民共和国教育部：《义务教育道德与法治课程标准（2022年版）》，北京师范大学出版社，2022年。

[2]李晓东、金利：《新版课程标准解析与教学指导：初中道德与法治》，北京师范大学出版社，2022年。

[3]人民教育出版社课程教材研究所中学德育课程教材研究开发中心：《义务教育教科书教师教学用书.道德与法治七年级.上册》，人民教育出版社，2016年。

# 八、教学总结与反思

本节课在教学设计及授课过程中有以下几点优势与不足：

首先，本节课采用了议题的形式带领学生开展研学活动。围绕生命的话题，以教材知识点的学习为基础，进行了大单元教学的梳理，从爱护身体，谱写生命的长度；到养护精神，追求生命的高度；再到爱己及人，积淀生命的厚度。层层递进，引导学生理解"别人在为我们的生命守护做出贡献甚至牺牲，因此我们要守护好自己的生命，除此之外也应该力所能及地为守护他人的生命做出自己的贡献"。

其次，本节课紧密联系当下时政热点"第十批在韩中国人民志愿军遗骸回国"，并以此对素材进行了深度的挖掘，课堂所有议学情境的设计都以抗美援朝精神为引领进行拓展，从而形成了本节课的议学情境主线路。在授课过程中培养学生热爱祖国的道德情感，弘扬时代精神，使学生能够树立正确的人生观、世界观、价值观。

再次，本节课注重对学生的学习评价。以书写"做生命的守护者"计划书这项活动为基本依托，从知识的学习与应用和核心素养的培育与落实两个方面对学生的课堂学习做出评价。通过评价量表，将学生的成果进行客观评价，实现了课堂教学中的"教—学—评"一体化要求，更好地掌握学生的学情，为日后的教学工作打下基础。

最后，本节课在授课过程中我发现，有些环节设计预留给学生表达自我见解的时间不够，导致有的学生有较好的想法但没能很好地进行表达，还需要再多把课堂时间交给学生。同时，在启发学生思考时的教学语言设计还需加强，今后要不断加强语言表达上的练习。

# 弘扬敬业精神　成就青春梦想

鞍山市高新区实验学校　唐美微

## 一、课程基本信息

**主讲课程：** 道德与法治

**使用教材版本：** 人民教育出版社（2018版）

**教材章节出处：**《道德与法治》九年级下册第三单元《走向未来的少年》第六课第二框《多彩的职业》

## 二、教学设计概述

本框主要讲述两个部分：一是"职业准备"，二是"敬业精神"。第一目是本框知识的难点，主要涉及职业准备必要性和措施、方法。第二目阐释了敬业精神的相关内容，并学会怎样培养敬业精神是本框题的重点。本框引领学生树立正确的择业观和增强爱岗敬业的意识，做好职业准备，增强社会责任感，懂得在工作中服务社会，实现人生价值。培养自己脚踏实地、勤勤恳恳、刻苦钻研、精益求精、不断创新的敬业精神。明确应该努力学习，提高各方面素养，为精彩的明天做好准备。

本课的教学设计在于培养学生的责任意识和政治认同，所以在设计的过程中选取了鞍山市劳动模范让学生能产生共鸣和共情的实际案例，使学生在辩证地分析问题的过程中提高辩证思维能力，在案例分析中感受劳模精神的具体内容，增强政治认同，实现在理论观点与生活经验的有机结合中不断提升学科核心素养的目标。

本课的教学设计是对活动进行结构化设计，通过情境设置、问题导学的探究式教学法，引导学生思考，开发学生的思维，培养科学思维的能力。使学生由感知到理解再到思考，逐步调动思维并利用多媒体展现大量图文资料，使教学更直观、更感性地让学生深刻感悟劳模精神，认识到劳模精神的意义和价值。

## 三、学情分析

初三学生对于一些职业选择问题既熟悉又陌生，他们对将来的职业生活充满了求知欲。本单元引导学生把视野从现有生活实践的范围，转向更宏观、更理性的层面，学习职业准备、选择和发展的知识。在教学过程中，力求避免过多的理论分析，尽量以现实的热点材料，通过创设情景，联系身边实例进行自主探究，让学生感悟、理解职业准备、选择和发展的重要性，从而提升学生的敬业观念和意识。

## 四、教学目标

1.通过辨别身边不同职业的特点和入职条件树立正确的择业观，为提升道德修养做好职业准备。

2.通过采访未来想从事的职业，学会综合考虑自身、环境、社会需要等各种因素，用发展的观点进行职业生涯规划。

3.通过分享身边熟知的爱岗敬业模范并结合鞍山市劳动模范李超的例子帮助学生明白劳模精神的意义和如何培养敬业精神，增强责任意识。

## 五、教学重点难点

### （一）教学重点

知道为什么要有敬业精神，懂得在今后的学习工作中怎样去培养敬业精神。

### （二）教学难点

知道为什么要做好职业准备，懂得怎样做好职业准备。

## 六、教学设计总体思路

通过鞍山市劳动模范的实际事例引导学生发现并感悟劳动模范传递的劳模精神；通过文本阅读理解劳模精神的科学内涵，引导学生用劳模精神指导和解决个人成长的困惑，感悟劳模精神的现实意义；在学生规划职业生涯之路中，引导学生主动践行劳模精神。在实践规划好的职业之路时，还会遇到很多不确定的因素，引导学生脚踏实地地完成规划好的职业生涯之路，通过提升个人综合素养不断弘扬和践行劳模精神和敬业精神。

## 七、教学过程

### （一）教学流程设计

**环节一：预见未来，做好职业准备**

教师活动：

1.给出四个提示词，要求学生在最短时间内猜出职业名称。

2.除了这几个职业，大家知道生活中还有哪些职业呢？

学生活动：回答：教师、警察、军人等。

教师活动：

1.图片中分别呈现了哪种职业？

2.他们各自发挥着怎样的作用？

3.同学们未来想从事什么职业？

学生活动：

1.回答图片中展示的职业。

2.参与活动，交流各种职业所发挥的作用，进而总结做好职业准备的原因。

3.介绍自己想从事的职业，为进行职业规划做好铺垫。

设计意图：通过竞猜形式，激发学生兴趣，让学生感知职业选择的丰富多样，导入本框课题。

**环节二：扬起风帆，做好职业规划**

教师活动：

1.请同学们依据教材自主学习"职业规划的方法"，进行职业规划，并结合老师给出的思维导图上台分享。

2.你知道近几年新出现了哪些新兴职业吗？做游戏，请两位同学来比赛。

学生活动：

1.自主学习课本材料，小组讨论并分享。

2.学生参与游戏体验，深入认识一些新兴职业，同时了解一下消失的职业，进一步分析当前的就业环境。

设计意图：通过讨论让学生知道任何人要想在这个社会上立足，必须从事一定的职业，这是社会分工的要求也是一个人为社会做贡献，实现人生价值的基本途径。

**环节三：职业抉择，培养敬业精神**

教师活动：

1.作为一名鞍山人，你知道有哪些爱岗敬业模范？请给大家分享。

2.解析劳模精神，播放鞍山市劳动模范李超的视频。

3.组织学生分析教材第78页小丁案例，思考敬业与兴趣的关系。

4.展示初中阶段学生努力学习、提高素养的图片。

学生活动：

1.展示爱岗敬业模范信息。

生1：孟泰，原名孟瑞祥，是第一代全国著名劳动模范，他爱厂如家，艰苦创业，在恢复和发展鞍钢生产中做出了重大贡献，成为20世纪五六十年代誉满全国的钢铁战线的老英雄。并且鞍山有全国唯一用劳动模范名字命名的公园——孟泰公园。

生2：郭明义，用一个个荣誉书写着他在一个个平凡岗位上创造的辉煌：鞍钢先进生产者、精神文明建设标兵、优秀共产党员、鞍钢劳动模范。他越平凡，越简单，越彰显简单的伟大。

2.明确"干一行、爱一行，在工作中培养兴趣，履行好工作职责，爱岗敬业"。

3.总结初中阶段努力学习，提高各方面素养与将来职业发展息息相关。

4.增强爱岗敬业意识，并学会培养敬业精神。

设计意图：学生在选择职业时，往往只考虑到自身的要求，而忽视国家与社会发展带给就业的影响。让学生通过游戏体验，认识一些新兴职业。激发学生学习兴趣。明确"干一行、爱一行，在工作中培养兴趣，履行好工作职责，爱岗敬业"。学生通过分享自己家乡的劳动模范，能够更深刻感悟他们的敬业精神，明白敬业精神对时代、对个人、对国家的意义。让学生们拥有主动权，成为课堂的主人。通过观看介绍李超的视频，使学生直观感受人生成就与敬业精神的关系，凸显劳模精神的现实意义，加深学生对劳模精神和敬业精神的理解。

（二）课堂小结

通过这节课的学习，我们知道了职业准备的有关知识。即将毕业的我们要树立正确的择业观，以积极的心态和行为面对所选职业，愿意为自己选择的职业承担责任，发扬敬业精神。我们要珍惜青春年华，从现在开始，努力学习，提高各方面素养，为精彩的明天做好准备。

（三）板书设计

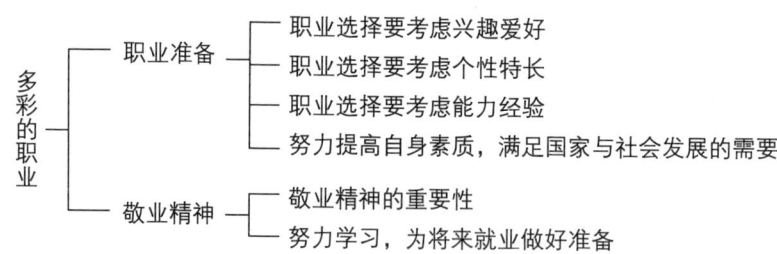

（四）作业设计

为自己制定一份职业规划。

（五）参考资料

[1]中华人民共和国教育部：《义务教育道德与法治课程标准（2022年

版）》，北京师范大学出版社，2022年。

[2]《辽宁百名劳模的奋斗故事——李超》,https://haokan.baidu.com/
v?vid=13157014928006557840.

## 八、教学总结与反思

### （一）教学设计注重创新

　　整个课程设计逻辑比较清晰，课程环节比较完整。通过学生活动总结知识点，发挥学生主体性使学生主动参与，乐于探究。课程活动设计结构化，注重从学生实际出发，选择学生身边的生活事例进行教学，贯彻以学生为本的思想，关注学生的学习兴趣和经验。对鞍山劳动模范李超这个素材的使用更加突出主题，把劳模精神、工匠精神、敬业精神恰当地融入本课教学设计中，让学生感受到榜样就在身边，增强学生的政治认同感和责任意识。

### （二）教学语言贴近学生

　　课堂上注重与学生交流，设计的问题与鼓励学生的话语贴近学生，能拉近师生的距离。所以在师生互动中学生主动参与、乐于参与。在分享职业规划的环节中学生能大胆表达，合作意识也更强，充分调动起学生的积极性，达到快乐学习的目的。

### （三）多媒体辅助增添课堂魅力

　　现代教育技术的运用，对课堂教学的效果起到了积极有效的促进作用。无论是从导入环节的竞猜职业还是通过多媒体游戏了解新兴职业，都有效地激发出学生的好奇心和求知欲。同时也培养了学生的观察能力和语言表达能力，课堂上不时传出学生的惊叹声和开心的笑声使课堂气氛更加活跃。

# 我国的经济发展之如何做好"蛋糕"？

沈阳市康平县第一中学　王晓姣

## 一、课程基本信息

**主讲课程：**经济与社会

**使用教材版本：**人民教育出版社（2021版）

**教材章节出处：**高中思想政治必修二《经济与社会》第二单元《经济发展与社会进步》第三课《我国的经济发展》第一框《坚持新发展理念》

## 二、教学设计概述

### （一）设计理念

基于学科核心素养的培育，用"教学评一体化"的思想进行本单元课程的设计。通过议题式教法和唤醒教育课堂建立合作互助小组学法，使学生在课堂上通过思维活动和实践活动收获价值认同，实现课程的育人价值。

### （二）与本单元相关的课程标准内容

依据《普通高中思想政治课程标准（2017年版2020年修订）》必修二《经济与社会》内容要求，本课所在单元的教学内容为：

3.1阐释以人民为中心的发展思想和创新、协调、绿色、开放、共享的新发展理念，解释经济发展方式的转变和供给侧结构性改革，评析经济发展中践行社会责任的实例。

第三课介绍了我国新时代的经济发展以及新时代如何推进中国特色社会主义经济社会建设取得更伟大的新成就。本节课先从"发展为了人民、发展依靠人民、发展成果由人民共享"三个方面介绍了以人民为中心的发展思

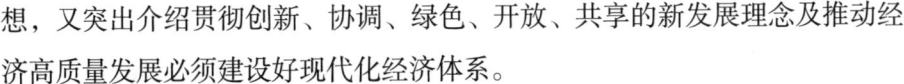

想，又突出介绍贯彻创新、协调、绿色、开放、共享的新发展理念及推动经济高质量发展必须建设好现代化经济体系。

## 三、学情分析

高一学生已经完成了《中国特色社会主义》的学习，对于中国特色社会主义的发展历史有了一定的了解，在此基础上继续学习《经济与社会》，对学生来说有很大的吸引力，毕竟经济是与我们生活联系最为紧密的部分。学生学习经济知识的兴趣浓厚，提升用经济理论分析经济现象和参与经济生活的能力十分必要，所以在教学环节的设计上，要贴近学生实际，充分调动学生的学习积极性和主动性，结合学生的阅历，理论联系实际，以便提高学科核心素养，增强学生实践能力。

## 四、教学目标

### （一）学习目标

1.了解以人民为中心的发展思想和创新、协调、绿色、开放、共享的新发展理念。

2.理解我国贯彻新发展理念的具体措施。

3.理解五大发展理念之间的关系。

### （二）核心素养

1.政治认同：①让学生了解我国的经济的发展为何要坚持以人民为中心，增强对人民的重视以及我国社会主义的本质认同；②让学生了解建设现代化经济体系是对经济社会发展规律的正确研判和科学决策，理解并认同建设现代化经济体系的一系列政策和措施。

2.科学精神：①培养学生用全面的观点理解新发展理念的基本内涵，正确认识其重要性，增强学生的科学精神；②培养学生用发展的观点看待新时代我国经济发展阶段的转化，用全面的观点理解建设现代化经济体系的基本内涵和要求。

3.法治意识：贯彻新发展理念和建设现代化经济体系，各参与主体必须

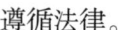

遵循法律。

4.公共参与：①让学生通过议题学习能自觉从政府工作报告中寻找知识，为学生能够准确地运用所学解决生活中的实际问题打下基础；②让学生结合乡村振兴战略，联系实际，为乡村经济发展提出具体建议。

## 五、教学重点难点

本单元的重难点是正确理解坚持以人民为中心的发展思想，牢固树立并切实贯彻创新、协调、绿色、开放、共享的新发展理念。推动高质量发展的含义、原因及措施。

## 六、教学设计总体思路

### （一）教材分析

本单元为高中政治必修二《经济与社会》第二单元《经济发展与社会进步》第三课《我国的经济发展》的内容。这一课进一步分成坚持新发展理念和建设现代化经济体系。第一课时主要阐释以人民为中心的发展思想、贯彻新发展理念两个部分，讲述了中国特色社会主义进入新时代要解决发展不平衡不充分的问题，就要坚持以人民为中心的发展思想，贯彻新发展理念，推动经济高质量发展。第二课时主要分析了推动经济高质量发展的措施。两课时内容之间的关系是理论（指导思想）与实践（现实载体），二者密不可分、相互印证。

### （二）教法学法分析

教法：讲授式教学法、探究式学习法、议题式学习法。围绕主题，设置情境，开展议题式探究引导学生自主和合作方式学习，实现学科核心素养目标。

学法：结合校本唤醒教育教学方法建立互助小组学习法。不同于传统的小组讨论法，以小组为单位，通过师傅带徒弟，师傅带领小组成员展开合作探究学习，并共同展示讨论学习成果。

（三）学习准备

课前，学生需收集关于家乡康平发展状况的相关资料以及解读2022年康平县人民政府工作报告内容，以康平的今天，实现经济发展与民生共赢为题，师傅带徒弟共同出谋划策。

# 七、教学过程

## （一）教学流程设计

### 环节一：新课导入

教师活动：通过PPT播放视频《辽金故里，大美康平》，引导学生体味我们美好的生活离不开经济的高质量发展。探究问题：康平县政府最牵挂的人是谁？最牵挂的"心事"是什么？

学生活动：观看视频，思考问题。预设回答：最牵挂的人是人民；最牵挂的心事有人民冷暖、乡亲发展、百姓饭碗、住有所居、老有所养、弱有所扶。

设计意图：导入环节以视频习近平总书记的牵挂引发学生思考，给学生营造了亲切轻松的氛围，拉近了学生与课堂的距离。并能激发学生学习的兴趣，主动去探寻本节课的知识。

### 环节二：展示议题

教师活动：展示本节课的议题：一个总议题，三个分议题。

总议题：为康平，共议发展新理念、共谋发展新思路。

分议题一：康平的昨天，康平的发展为了谁？

分议题二：康平的今天，如何实现经济与民生共赢？

分议题三：康平的明天，我能为康平做什么？

学生活动：了解本课的议题，熟悉内容的逻辑关系及重难点。

设计意图：通过本环节介绍，学生明确本课的学习任务，了解议题及内容之间的逻辑关系，明确重难点。

### 环节三：康平的昨天，康平的发展为了谁？

教师活动：通过解读康平县2022年政府工作报告引导学生体味我们美好

的生活离不开经济的高质量发展。推动经济高质量发展，要靠人民，进而提出问题。以人民为中心的发展思想的核心要义是什么？（是什么）要如何坚持以人民为中心的发展思想？（怎么做）坚持以人民为中心的发展思想有什么重要意义？（为什么）

学生活动：思考问题，小组合作探究并结合自主预习作答。预设问题1回答：坚持以人民为中心的发展思想，就是把实现人民幸福作为发展的目的和归宿，做到发展为了人民、发展依靠人民、发展成果由人民共享。预设问题2回答：发展为了人民，就是要从人民群众的根本利益出发谋发展、促发展，不断满足人民对美好生活的需要，努力促进人的全面发展。发展依靠人民，就是要把人民作为发展的力量源泉，充分尊重人民主体地位和人民群众的首创精神，不断从人民群众中汲取智慧和力量，依靠人民创造历史伟业。发展成果由人民共享，就是要使发展成果惠及全体人民，走共同富裕道路，彰显制度优势。

设计意图：这一思考问题充分发挥了学生的自主学习能力，让学生在自主学习中初步掌握知识。

**环节四：康平的今天，如何实现经济与民生共赢？**

教师活动：展示材料，康平的今天面临的困难和问题。提出问题：如何实现经济与民生共赢和持续健康发展？

学生活动：阅读材料，思考问题。预设回答：坚持新发展理念；理念是行动的先导，一定的发展实践是由一定的发展理念来引领的，新时代需要新发展理念；要着力解决好发展不平衡不充分问题，破解发展难题，增强发展动力，厚植发展优势，更好地满足人民在经济、政治、文化、社会、生态等方面日益增长的美好生活需要。

设计意图：通过这一探究活动，让学生理解新发展理念的提出背景和必要性。

教师活动：请先自主阅读教材第35页至第38页，完成表格；然后小组分工合作将答案写在纸上。

学生活动：阅读教材，自主学习，小组合作。预设回答：创新发展，注重解决发展动力问题；协调发展，注重解决发展不平衡问题；绿色发展：注重解决人与自然共生的问题；开放发展，注重解决发展内外联动问题；共享发展，注重解决社会公平正义问题。

设计意图：引导学生学会自主归纳，培养学生的合作交流能力。

教师活动：通过视频展示康平2022年政府工作报告未来五年规划内容，让学生思考分别贯彻了什么发展理念，应该如何深入贯彻这一理念。

学生活动：预设回答：创新发展理念：必须把创新摆在国家发展全局的核心位置，让创新在全社会蔚然成风。协调发展理念：要正确处理发展中的重大关系，增强发展的整体性。绿色发展理念：要节约资源和保护环境的基本国策。开放发展理念：要顺应我国经济深度融入世界经济的趋势，发展更高层次的开发型经济，推动构建人类命运共同体。共享发展理念：要做出更有效的制度安排，坚持全民共享，使全体人民有更多获得感、幸福感、安全感，朝着共同富裕方向稳步前进。

设计意图：引导学生学会全面分析问题，从康平县的举措掌握贯彻新发展理念的措施。

教师活动：向学生提问新发展理念的地位、内在联系和要求。

学生活动：预设回答：新发展理念是习近平新时代中国特色社会主义经济思想的主要内容。（地位）创新、协调、绿色、开放、共享的新发展理念，相互贯通、相互促进，是具有内在联系的集合体。要统一贯彻，不能顾此失彼，也不能替代。（内在联系）要把新发展理念完整、准确、全面贯穿发展全过程和各领域；构建新发展格局，切实转变发展方式；推动质量变革、效率变革、动力变革，实现更高质量、更有效率、更加公平、更可持续、更为安全的发展。（要求）

设计意图：让学生通过自学加课堂总结，深刻理解新发展理念的地位、内在联系和要求。

**环节五：康平的明天，我能为康平做什么？**

教师活动：引导学生展开大胆想象如何为家乡出谋划策，共同为家乡未来发展贡献一份力量。

学生活动：为家乡建言献策。

设计意图：以政府工作报告作结语，升华学生的思想，提升其为建设社会主义社会做贡献的素养。既能发展学生的开放性思维又能达到复习巩固知识的目的。

## （二）课堂小结

引导学生回到总议题，新发展理念新在哪里？如何贯彻新发展理念？

## （三）板书设计

以人民为中心 ——基本原则——→ 新发展理念
- 创新——动力
- 协调——不平衡
- 绿色——人与自然
- 开放——内外联动
- 共享——公平正义

## （四）作业设计

1.限时练习，核对答案。

2.订正错题后分组讨论，形成集体意见，派代表讲解错题。

3.整理错题集，形成错题题库。通过习题练习，掌握重点、难点，理清易错点，为后续的学习打下坚实的基础。

## （五）参考资料

[1]中华人民共和国教育部：《普通高中思想政治课程标准（2017年版2020年修订）》，人民教育出版社，2020年。

[2]人民教育出版社课程教材研究所中学德育课程教材研究开发中心：《普通高中教师教学用书.思想政治.必修2.经济与社会》，人民教育出版社，2019年。

# 八、教学总结与反思

## （一）教学总结

本节课教学内容以"为康平，共议发展新理念、共谋发展新思路"为总议题明确本课核心素养及教学重难点，采取校本唤醒教育课堂教学方法，整体完成度较好。但存在不足之处，如对于学生的回答总结不到位，受时间限

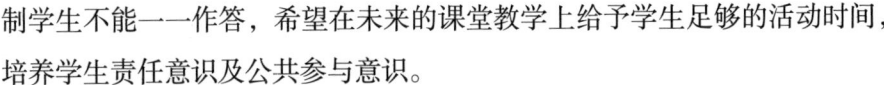

制学生不能一一作答，希望在未来的课堂教学上给予学生足够的活动时间，培养学生责任意识及公共参与意识。

（二）教学反思

1.对于课程内容的结构安排，应该想办法做到详略得当。

2.课堂教学中学生积极参与议题活动，独立思考并踊跃回答问题，课堂气氛浓厚，但受教学时间限制，不能让更多的学生得以展示自己的认知成果，没有对一些学生的回答予以积极回应。

3.情感升华阶段，应该给予足够时间让学生踊跃发言，增强学生的公共参与意识。

4.在以后的教学中，认真学习新的教学理念，不断改进自己的教学方法，精心打造高效课堂。

# "橙"风破浪，携手同行

本溪市高级中学　吴国鑫

## 一、课程基本信息

**主讲课程：**经济与社会

**使用教材版本：**人民教育出版社（2019版）

**教材章节出处：**高中思想政治必修二《经济与社会》第三课《我国的经济发展》第一框《坚持新发展理念》

## 二、教学设计概述

本节课位于高中思想政治教材必修二《我国的经济发展》第三课第一框位置。中国特色社会主义进入新时代，我国社会主要矛盾已经转化为人民日益增长的美好生活需要和不平衡不充分的发展之间的矛盾。解决发展不平衡不充分问题，要坚持以人民为中心，贯彻新发展理念，推动经济高质量发展。依据新课标要求，通过本节课的学习学生要能阐述以人民为中心的发展思想和创新、协调、绿色、开放、共享的新发展理念，解释经济发展方式的转变。本课的授课时间为高一年级上半学期，本框内容与前一课、下一框内容有着非常直接的联系，上一课的以人民为中心是贯彻新发展理念始终坚持的基本原则，新发展理念与下一框都是为了应对我国目前的主要矛盾，推动经济高质量发展

思政课是落实立德树人根本的关键性学科，是思想启蒙的重要课堂，是价值观塑造的平台。本课授课时间为高一上学期，在大中小学思政一体化建设的背景下，本课教学设计要考虑学生处在一个过渡阶段，在政治学科既要

注重高中学段提升政治素养的同时，也要兼顾初中学段思想引领的作用。

在教学设计上本课采用议题式教学，发挥学生的课堂主导地位，激发和调动学生的积极性，让学生通过讨论互动的形式，激发学习的动力，发挥学生的自主性，从而达到转变传统式思政教学一味灌输的刻板印象。在教学思路上，针对授课时间为秋季学期，结合当下时政热点事件杭州亚运会采用一例贯穿式教学，以杭州亚运会的顺利召开分设三个议题，总议题为"'橙'风破浪，携手同行"杭州亚运会的开幕与传统二十四节气中的秋分不期而遇，带着满满诚意而来，在总议题设置上"橙"风破浪契合本溪市高级中学的铁流精神，激发学生树立不畏艰险，遇到困难迎难而上的魄力，达到传授知识与育人相结合的目的。

## 三、学情分析

本课位于高中政治教材必修二第三课，从授课时间上看，本课授课年级为高一学段上学期中期。学生刚刚步入高中阶段，正在逐步适应初高中知识点的不同，高中的学习偏向于知识点的具体化，且在初中学段，道德与法治占比较低，往往被学生忽视，学生基础较薄弱。因此，在知识点的讲解过程中应该注重实际与理论的结合，从学生身边取材并结合课本知识，打造生动且活跃的政治课堂，让学生通过探究、合作、领悟等学习方法进行学习，增强互动性，循序渐进，以学生为主导。同时，学生在经历了几个月的高中学习之后，对高中课堂的教学模式有了基本的了解。因此，可以在教学过程中，多采用提问法、讨论法等进行教学，多让学生锻炼语言组织表达能力，寓教于乐，强化同学对新发展理念知识的理解。

## 四、教学目标

依照新课标和教学大纲的设定，本课的教学目标与核心素养主要包括三个方面。

1.政治认同

通过本节课的学习能够理解和认同以人民为中心的发展思想，明确以人民为中心是新时代坚持和发展中国特色社会主义的根本立场。通过小组讨论的形式全方位理解以人民为中心的内涵。

2.科学精神

明晰坚持新发展理念的重要意义，能够阐释新发展理念的内涵和要求，深化对习近平新时代中国特色社会主义经济思想的认识。

通过展示亚运会数字智慧平台为民提供一站式数字观赛平台，建筑材料充分考虑废弃物的使用实现生态环境和谐共生，西电东送为杭州亚运会供电，习近平总书记对亚运会以体育促进和平达成合作共赢的殷切期盼和亚运会引导全民参与体育五个方面的内容来具体展示新发展理念的内涵和要求。在素材选择上关注习近平总书记的殷切期望，培养学生的文化自信和科学精神。同时通过中日对环保理念的对比，培养学生的思辨能力。

3.公共参与意识

树立创新意识，增强社会责任感，能够根据实际情况运用新发展理念对经济社会发展和自己的生活提出合理化的建议。

通过亚运会的场馆"还馆于民"到亚运会的主题"心心相融，@未来"，让学生课堂参与筹办布局和提出意见，增强学生的公众参与能力。

## 五、教学重点难点

### （一）教学重点

理解以人民为中心的发展思想和创新、协调、绿色、开放、共享的新发展理念；我国贯彻新发展理念的具体措施，五大发展理念之间的关系。

### （二）教学难点

培养区分我国五大发展理念的能力，分析新发展理念在国民经济中所发挥的作用。

## 六、教学总体思路

大中小学思政课一体化的背景下的高中政治课堂要落实立德树人的关键课程作用。思政课教师更是扣好人生第一粒扣子的灵魂工程师。高一上学期是一个过渡阶段，政治学科要突出从初中的打牢思想基础到高中的提升政治素养转变的教学过程，更要注重中小学的衔接性。

在议题选取和设置上紧跟当下时政热点，让理论学习与生活密切联系，在理解新发展理念的内涵和贯彻新发展理念的要求过程中，达到培养学生理论与实际相结合的能力以及辩证看待问题的能力。总议题选用当下时政亚运会的举办，宣传语"橙"风破浪，亦有激励学生拼搏向上的寓意。分议题一设置为"'橙'心诚意　全民共办亚运会"，围绕亚运会与人民的关系展开，切合教材第一部分以人民为中心的内容。分议题二设置为"梦想'橙'真　同爱同在向未来"，通过亚运会的主题精神帮助学生了解贯彻新发展理念落地的具体过程，从而将新发展理念的有关内容内化于心、外化于行。

教学过程中要体现教师为主导，学生为主体，突出重难点进行教学。我将采用以下教学方法：

情景教学法：注重课堂理论与实际的结合，兼顾趣味性和互动性。

一例贯穿法：考虑课堂的效率，避免"大而杂，多且乱"现象，把握主干。

## 七、教学过程设计

### （一）教学流程设计

**环节一：视频导入**

教师活动：

1.同学们，你们知道9月23日是什么日子吗？这是二十四节气中的秋分节气，是农民的丰收节。2023年9月23日不仅是秋分，还是杭州亚运会的开幕日。当秋分与开幕式不期而遇，那又会邂逅哪些美丽的瞬间呢？下面我们一起来欣赏杭州亚运会宣传片来感受一下杭州亚运会的诚意满满。

2.播放视频《亚运会宣传片》2分钟。

3.那么这节课让我们一起走进杭州亚运会，一起"橙"风破浪，携手同行。请同学们翻开教材第三课第一框的内容——贯彻新发展理念。

学生活动：观看视频，分享感悟心得。

设计意图：播放视频，调动学生的积极性，吸引学习兴趣，从而引出本节总议题："'橙'风破浪，携手同行"。

**环节二："橙"心诚意，全民共办亚运**

教师活动：

1.展示阅读材料《相信杭州有能力举办一届成功的亚运会》。

2.第19届亚运会为何选择在杭州召开？杭州亚运会的成功举办体现了什么样的发展思想？

学生活动：

1.阅读材料，分析图表解读信息。

2.小组讨论回答两个问题。

教师活动：展示杭州经济增长GDP图像；结合学生讨论结果得出结论——浙江的经济发展为成功举办亚运会提供了坚实的物质基础；指出要坚持以人民为中心的发展思想。

学生活动：展示搜集的亚运会信息。

生1：亚运惠民，场馆先行。2022年杭州亚运会延期后，已全面竣工并通过赛事功能验收的56个竞赛场馆、31个训练场馆并未束之高阁，而是按照全民健身、专业主导、学校开放、市场运营等模式陆续向社会惠民开放，成为国内新建综合性体育赛事场馆在赛前向全民健身和群众体育开放的优秀范例。

生2：在杭州碳中和亚运会中，全民参与的方式多种多样。市民可以通过种树、节约用电等方式践行绿色低碳生活，为碳中和目标做出贡献。运动员、劳动模范、志愿者等也积极参与活动，发挥自己的影响力，倡导更多人加入碳中和行动。此外，企事业单位也发挥社会责任感，积极参与碳中和抵消，捐赠碳配额、碳信用等，为亚运会的碳中和目标做出贡献。

生3：共享亚运红利，"还馆于民"只是其中之一。以亚运为契机构建更高水平的全民健身公共服务体系也在这里开花结果，一批运动场地正见缝插针地"嵌入"市民生活圈，城市空间的"边角余料"正成为全民健身的"金角银边"，极大增强了广大城乡居民的幸福感和获得感。

教师活动：邀请同学将手中搜集到的三则信息与黑板上三张卡片进行对应，并总结出以人民为中心的内涵和意义。坚持以人民为中心的发展思想，就是要维护人民根本利益，增进民生福祉，不断实现发展为了人民、发展依靠人民、发展成果由人民共享，让现代化建设成果更多更公平惠及全体人民。（内涵）人民性是马克思主义的本质属性。以人民为中心的发展思想，反映了坚持人民主体地位的内在要求，彰显了人民至上的立场观点方法，确立了贯彻新发展理念必须始终坚持的基本原则。（意义）

设计意图：坚持问题导向，学生自主阅读教材和材料，有利于提高学生提取有效信息的能力。同时师生合作，明确学生为课堂主体地位，教师列举材料后抛砖引玉，让学生分享搜集到的信息，在讨论中感悟以人民为中心的内涵。结合学生感受，讲解新发展思想的重要意义。

**环节三：梦想"橙"真，同爱同在向未来**

教师活动：

1.回顾历史，亚运会与中国有过三次相逢，你了解多少呢？让我们一起进入第二部分。

2.展示亚运会的发展史。盛大的开幕式，呈现的正是这样一种理念：亚洲乃至世界，都应当在更大的范围里携起手来，向着更远的未来，携手同行。正如杭州亚运会的口号——"心心相融，@未来"，亚运会应当是一次心与心之间的交流，互联网符号"@"更凸显了一种面向未来、全球互联的意蕴。回首历史，亚运会与中国有过三次相遇：1990年的北京亚运会是中国举办的首场国际综合性体育赛事；2010年的广州亚运会是我国第一次在非首都城市承办亚运会；2023年的杭州亚运会是中国开启中国式现代化新征程后，向世界讲述"中国之治"的一次重要契机。

3.亚运会的背后是中国式现代化的缩影和体现，是中国日益走向世界舞台中央的自信。新时代我们如何将中国式现代化新征程持续推进呢？引用材料二十大报告节选——"发展才是硬道理"，高质量发展是全面建设社会主义现代化国家的首要任务。实现经济高质量发展，要坚定不移贯彻创新、协调、绿色、开放、共享的新发展理念。

学生活动：

1.潮起亚细亚，团结向未来。五位同学上台进行新闻播报。

生1：本次亚运会，浙江秉持着"绿色、智能、节俭、文明"的办赛理念，将其深度融合进了赛事筹备之中，诚意满满，力求向世界展示立体、可感、有趣的"浙江味"。

生2：逐"绿"前行，看浙江绿色可持续发展路径。自2023年3月至年底，浙江省65座亚运场馆及办公场地将全部使用绿电，助力打造亚运史上首届碳中和亚运会。在全国率先探索出经济转型升级、环境持续改善、城乡均衡和谐的绿色高质量发展模式。

生3：数智赋能，看数字浙江迸发出无限活力。浙江利用杭州"互联网之都""数字之城"的优势，全面突出"智能亚运"特色。

生4：文明不息，看浙风有礼吹拂于之江大地。亚运会从提升改造13万个无障碍点位到免费提供24小时手语"数字人"服务，再到所有亚运竞赛、训练场馆都通过各种形式向社会惠民开放。

生5：习近平总书记说："亚洲运动会承载着亚洲人民对和平、团结、包容的美好向往。""作为山海相连、人文相亲的命运共同体，我们要以体育促和平，坚持与邻为善和互利共赢，抵制冷战思维和阵营对抗，将亚洲打造成世界和平的稳定锚。"

2.倾听五位同学朗读播报，并阅读教材新发展理念的内涵，对五段新闻材料进行分类。

3.小组讨论，为亚运会成功举办出谋划策，并在手中落叶纸上进行创作展示。

教师活动：经过上述同学的新闻播报，请大家结合教材内容概括这五位同学的主题。并分析新发展理念的重要性。

学生活动：总结归纳。①创新发展——解决发展动力问题。重要性：发展动力决定发展速度、效能、可持续性，创新是引领发展的第一动力。措施：坚持创新发展，要把创新摆在国家发展全局的核心位置；不断推进理论创新、制度创新、科技创新、文化创新等各方面创新,让创新贯穿党和国家一切工作，让创新在全社会蔚然成风。②协调发展——解决发展不平衡问题。重要性：协调发展是持续健康发展的内在要求，是发展平衡和不平衡的统一。措施：城乡区域协调发展；经济社会协调发展；四化同步发展（新型工业化、信息化、城镇化、农业现代化）；不断增强发展的整体性。③绿色发展——解决人与自然和谐共生问题。重要性：绿色是永续发展的必要条件和人民对美好生活追求的重要体现，生态文明建设是关系中华民族永续发展的千年大计。措施：牢固树立和践行绿水青山就是金山银山的理念；坚持可持续发展；坚持节约优先、保护优先、自然恢复为主的方针。④开放发展——解决发展内外联动问题。重要性：开放带来进步，封闭必然落后，开放是国家繁荣发展的必由之路。措施：奉行互利共赢的开放战略；遵循共商共建共享的原则；推进高水平对外开放；推动构建人类命运共同体。⑤绿色发展——解决社会公平正义问题。重要性：共享是中国特色社会主义的本质要求。措施：要做出更有效的制度安排，坚持全民共享、全面共享、共建共享、渐进共享，使全体人民有更多的获得感、幸福感、安全感，实现共同富裕。

设计意图：问题引领，学生阅读教材和材料，有利于提高学生提取有效信息的能力，明确我国贯彻落实新发展理念的必要性。结合学生感受，以小组合作的方式，探究贯彻新发展理念的解决问题、重要性、具体措施，通过合作探究，引导学生总结新发展理念的具体要求。

（二）课堂小结

美好的时光总是短暂的，那么在这节课的最后请同学们将手中拿到的落叶汇聚成一个集体，体会习近平总书记说的一枝一叶总关情。满足人民的殷切期待是我们强盛的根基，而我们手中的落叶正是一个个具体的表现。秋分至，硕果累，桂花香。转眼大家已经来到本溪高中一段时日，愿接下来所有美好将在这里不期而遇，在这个秋天让我们秉承亚运精神，在未来的高中学习一起乘风破浪，不负韶华，收获一个崭新的自己。

## （三）板书设计

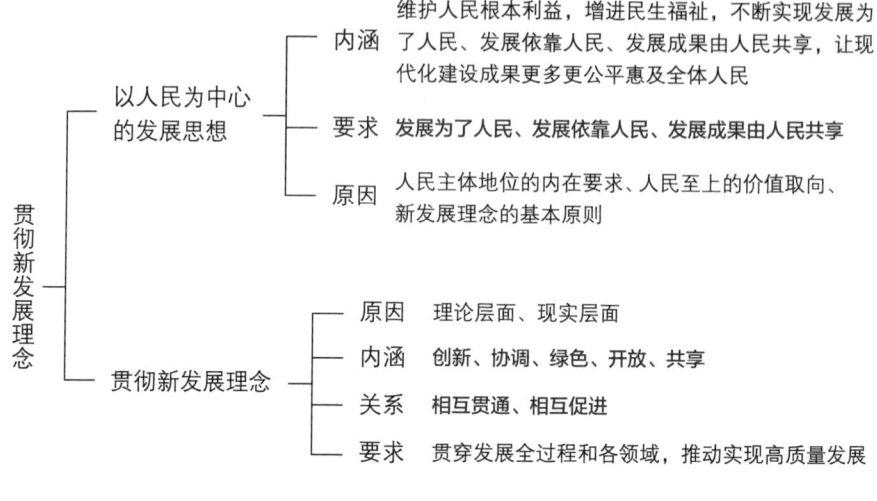

## （四）作业设计

1.图表填空，整合本课知识点。

| | 以人民为中心 | 新发展理念 | | | | |
|---|---|---|---|---|---|---|
| | | 创新 | 协调 | 绿色 | 开放 | 共享 |
| 内涵 | | | | | | |
| 原因 | | | | | | |
| 要求 | | | | | | |
| 联系 | | | | | | |

2.小组为单位，绘制本课的思维导图。

3.参观本溪市高新区科技孵化园，了解新发展理念贯彻落实的具体过程，以小组为单位上交一份1000字的调研报告。

## （五）参考资料

[1]中华人民共和国教育部：《普通高中思想政治课程标准（2017年版2020年修订）》，人民教育出版社，2020年。

[2]央视网：《亚运惠民　添彩生活》，人民日报，2023年08月29日。

[3]《弄潮》，http://www.news.cn/sports/2023-06/15/c_1129697061.htm.

[4]千笔楼：《三次亚运会窗口，透视中国33年变迁》，新华社，2023年9月23日。

# 八、教学总结与反思

在本课的教学中通过议题式教学的方式，在讲授新发展理念的内容时通过创设亚运会环境、播放视频、小组讨论的形式有效地调动了学生的学习积极性。借助多媒体设备展示丰富多彩的图片，一方面让学生对学习过程充满期待，同时也对新发展理念产生认同感；另一方面，让学生作为课堂的主角，以收集材料和新闻播报的方式让学生主动学习，主动思考，提高教学流畅性。同时在议题设置上凸显活动内容，既有开放性和引领性，又兼顾教学重难点，如分议题一设置全民共建亚运会与教学主题以人民为中心相呼应，分议题二同爱同在向未来与创新开放等新发展理念具体内容相呼应，达到简洁明了的效果。在大中小学思政课程一体化的背景下，议题式教学更能实现学生为主体，教师为主导的"双主作用"。本课在引导学生思考问题的同时，更要求教师保证学生的议论有思想有深度有收获。因此在材料的筛选过程中要充分考虑学生的学情和课堂时间节奏的安排。

# 品读鞍钢故事　弘扬劳模精神

## —— 人民群众是社会历史的主体

鞍山市第一中学　张　禹

## 一、课程基本信息

主讲课程：哲学与文化

使用教材版本：人民教育出版社（2023版）

教材章节出处：高中思想政治必修四《哲学与文化》第五课第三框《社会历史的主体》

## 二、教学设计概述

2023年，是东北振兴战略提出20周年。辽宁省委、省政府深入贯彻落实党的二十大作出的决策部署，牢牢把握高质量发展首要任务，全力实施全面振兴新突破三年行动。辽宁省省长说："我们再无退路可退。"我们必须打赢这场新时代的"辽沈战役"。习近平总书记说："辽沈战役是靠东北人民支援拼出来的。"在当前，要打赢新时代的辽沈战役，必须依靠人民的力量。

鞍钢是中国钢铁工业的摇篮，共和国钢铁工业的长子。这节课我和2501班同学以鞍钢英模人物创设情境，探讨一个历史唯物主义道理：人民群众是社会历史的主体。这个框题知识容量大，又是高频考点，以培养学生厚植家国情怀。在第一课时已经掌握知识框架的基础上，我们把哲学观点带到鞍钢博物馆，带到《孟泰的故事》中，深刻领悟体验书中的抽象哲理，并促进学生将理念转化为行动，知行合一。

在大中小学思政一体化建设的背景下，基于鞍山一中高二文实验学生知识基础、能力水平、价值观发展等学情，立足新课程标准要求，结合鞍钢英模人物经典资源实际，以"观·导·思·探·构"为课程展开思路，以高中思想政治必修四《哲学与文化》第五课《社会历史的主体》为知识载体，形成专题"品读劳模故事，担当振兴使命"一课。

新高考命题要坚持立德树人，加强对学生德智体美劳全面发展的考查和引导，引导学生培育和践行社会主义核心价值观，弘扬中华优秀传统文化、革命文化和社会主义先进文化，树立正确的历史观、民族观、国家观、文化观，切实增强中国特色社会主义道路自信、理论自信、制度自信、文化自信，从而全面彰显高考的育人功能。

素质教育培养出的合格人才应该能够学以致用，能够探索并解决日常生活、学术科研、国家发展，乃至人类社会所面临的各种问题。在应用性方面表现出色的学生善于观察各种现象，能够主动灵活地应用所学知识分析并解决社会生活实践中的问题，高度关注与国家经济社会发展、科学技术进步、生产生活实际等紧密相关的内容与问题，具备良好的实际问题解决能力。应用性要求以贴近时代、贴近社会、贴近生活的生活实践或学习探索问题情境为载体，将陈述性知识与程序性知识的有机整合和运用作为考查目标，设计生产生活中的实际问题，体现对即将进入高等学校的学习者迁移课堂所学内容、理论联系实际水平的测量与评价。

## 三、学情分析

结合高中生在小学、初中学过的孟泰等英模故事的常识性认知，在高二学生已经有了一定哲学知识的基础上，综合运用思政学科知识，以哲学知识为载体，同时了解新高考情境设置特点，为下一阶段解析高考题做铺垫。

锻炼和提高理论联系实际的能力，锻炼深度审题的能力，提高理解、分析和解决问题的能力，突破学生解题中存在的思维难点、堵点，主动应用科学思维方法，进一步提高实验班学生高阶思维能力。

我们应引导学生领悟劳模精神是中华民族精神的生动体现，理解中国共产党的精神谱系、体会鞍钢人的伟大实践对于中国特色社会主义的开创具有重要意义。树立正确的英雄观，适时以鞍山一中百年校庆为契机，激发学生的学习积极性与主动性，培育学生的家国情怀与爱国主义精神，引导学生理解并认同中国式现代化，引导学生传承红色基因，主动担当作为，立志成为担当民族复兴重任的时代新人。实现从做题向做人的转变。

## 四、教学目标

《社会历史的主体》这一框题对应的是《普通高中思想政治课程标准（2017年版2020年修订）》必修四《哲学与文化》的内容要求：

2.1 领悟社会存在决定社会意识，理解价值观形成与时代和环境的密切关系；理解价值观差异与冲突产生的社会根源，能够进行合理的价值判断和价值选择。

通过开展议学活动——参观鞍钢博物馆，了解鞍钢发展史，感受鞍钢人创造的鞍钢奇迹，理解人民群众是物质财富的创造者。通过鞍钢劳模墙折射出的劳模故事，感悟劳动最光荣、劳动最崇高、劳动最伟大、劳动最美丽，懂得崇尚劳动、尊重劳动对个人成长的意义。

通过开展议学活动——集体阅读《孟泰的故事》，探究交流孟泰精神，理解人民群众是精神财富的创造者，从而深刻领悟坚持群众观点和群众路线的重要性。通过学习讨论"鞍钢宪法"，理解人民群众是社会变革的决定力量。

通过开展合作探究活动——为打赢新时代的"辽沈战役"之鞍钢战建言献策，理解群众观点和群众路线是我们党领导人民取得革命、建设、改革胜利和成功的保证，理解群众观点和群众路线的基本内容，懂得发展中国特色社会主义必须坚持以人民为中心，坚持人民主体地位。

## 五、教学重点难点

### （一）教学重点

"人民群众是历史的创造者"是本框的教学重点。

突破策略：充分利用我校带领学生去参观鞍钢博物馆的契机，提前给学生布置任务单，积累教学资源。此次活动的任务主题是"寻找鞍钢人的要素"。收集整理鞍钢人的故事，用鲜活的材料——鞍钢发展取得的成就、鞍钢劳模孟泰的故事等鲜活的素材创设情境，引导学生感悟人民群众是社会历史的创造者，概括和提炼出"人民群众是物质财富的创造者、精神财富的创造者、社会变革的决定力量"这三个结论，坚持群众观点和群众路线。

（二）教学难点

"群众观点和群众路线"是本框的教学难点。

突破策略：通过学习"鞍钢宪法"，学习孟泰老英雄坚持扎根工人一线的工作方法，列举党和国家领导人深入人民群众、关心人民群众的事例和党员先锋模范人物的案例，创设真实生动的教学情境，设计具有辨析性的问题，引导学生通过思维碰撞，经由感性到理性、由现象到本质的认识过程，形成对群众观点和群众路线的正确理解。

## 六、教学设计总体思路

思政课的本质是"讲道理"。如何把道理讲得入脑入心，让学生真学真懂真信真用？大道理不如小故事，小故事不如小经历。陶行知说："生活即教育，学校即社会，教学做合一。"本节课用原汁原味真实的生活素材，打造课堂真情境，生本互动求真情，生成思政真教育。

鞍钢是共和国钢铁工业的摇篮，鞍钢是一个宝藏，可不断地挖掘这里的教育资源。充分利用我校带领学生去参观鞍钢博物馆的契机，给学生一份任务单，积累教学资源。此次的任务主题是"寻找鞍钢人的要素"。设置三个分议题，开展三个分议题教学活动：

分议题一：走近鞍钢劳模——感受磅礴力量。

议学活动：参观鞍钢博物馆，了解鞍钢发展史，感受鞍钢人创造的鞍钢奇迹。

分议题二：品读劳模故事——悟透哲学道理。

议学活动：集体阅读《孟泰的故事》，采访孟泰大女儿孟庆珍女士，探究交流孟泰精神、"鞍钢宪法"，深刻领悟坚持群众观点和群众路线的重要性。

分议题三：践行劳模精神——担当振兴使命。

合作探究活动：一中学生为打赢新时代的"辽沈战役"之鞍钢战建言献策。

## 七、教学过程

### （一）教学流程设计

#### 环节一：课堂导入环节

教师活动：播放视频：央视新闻节目《新时代的辽沈战役》。2023年是东北振兴战略提出20周年，9月7日，习近平总书记主持召开新时代推动东北全面振兴座谈会，强调牢牢把握东北的振兴使命，奋力谱写东北全面振兴新篇章。我们看看辽宁省省长怎么说。

学生活动：谈感受，感受辽宁省省长的决心和干劲。鞍山是共和国钢铁工业的长子，我们要打好新时代的"辽沈战役"之鞍钢战。我们省委为什么把新突破命名为新时代的"辽沈战役"？习近平总书记说，辽沈战役是依靠人民的支援拼出来的。在当前，必须依靠人民的力量。这从哲学角度看，就是人民是社会历史的主体。

设计意图：通过辽宁省委提出要打好新时代的"辽沈战役"，引出要依靠人民的力量实现东北振兴，体现本节课的总议题——人民是社会历史的主体。

#### 环节二：讲授新课①走近鞍钢劳模——感受磅礴力量

教师活动：组织参观鞍钢博物馆，了解鞍钢发展史，感受鞍钢人创造的鞍钢奇迹。

学生活动：班长介绍活动概况：哲理对于我们是抽象的，按照老师的提示，我们是带着这个框题的重难点来到鞍钢博物馆的，人民群众是社会历史的主体，在这里我们开始寻找鞍钢人的身影。一面厚重的耐候钢板墙是英模墙，有6579位英模的名字，鞍钢历史上涌现出6801人次各级劳动模范，118

位全国劳动模范，孟泰、雷锋、王崇伦、郭明义等人的精神，引领和激励了一代又一代的钢铁工人。我手指向的名字就是刚才大家听到的鞍钢歌曲《百炼成钢》里三代人中的爸爸，曲强（三代人是指爷爷、爸爸、孩子，他们分别是曲敬佑、曲强、曲泓睿）。

**环节三：讲授新课②品读劳模故事——悟透哲学道理**

教师活动：组织学生集体阅读《孟泰的故事》，探究交流孟泰精神、"鞍钢宪法"，深刻领悟坚持群众观点和群众路线的重要性。

学生活动：

1.寻找完整的《孟泰的故事》。学生在2021年3月29日的《鞍钢日报》电子报刊上找到了，打印出来，装订好人手一份；读后做一个简单的读书分享活动。

2.采访了孟泰的大女儿孟庆珍女士：您认为老父亲给您家最宝贵的财富是什么？您参加了建党百年的花车巡游活动，请问您当时的心情？2023年是鞍山一中建校百年，我们特别想让您对我们鞍山一中说几句话。

**环节四：讲授新课③践行劳模精神——担当振兴使命**

学生活动：为打赢新时代的"辽沈战役"之鞍钢战建言献策。同学们小组讨论探究，然后选一名代表发言。

设计意图：充分利用学生发展科带领学生去参观鞍钢博物馆的契机，提前给学生布置任务，积累教学资源。2023年活动的任务主题是"寻找鞍钢人的要素"。收集整理鞍钢人的故事，用鲜活的材料——鞍钢发展取得的成就、鞍钢劳模孟泰的故事等素材创设情境，引导学生感悟人民群众是社会历史的创造者，概括和提炼出"人民群众是物质财富的创造者、是精神财富的创造者、是社会变革的决定力量"这三个结论，坚持群众观点和群众路线。

**（二）课堂小结**

三年新"辽沈战役"，这是开篇之作，我们的路还很长，但是东北振兴、辽宁振兴其时已至、其势已成。我们这样一片热土期待着全国各地的企业家、各路人才再来"闯关东"、到辽宁大展宏图，来兴业、来投资、来旅游，和我们4300万辽宁人民一起共同实现致富梦，共同实现中华民族伟大复兴的中国梦。

## （三）板书设计

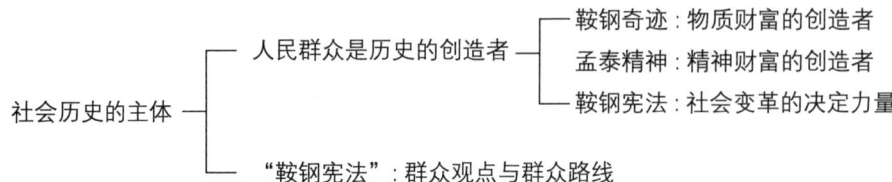

## （四）作业设计

分析近十年来高考题中考查的英模人物，总结答案的共性之处，结合新课程标准相关内容，期末写出本学期小组学习报告。

| 题源 | 考查的英模人物 |
| --- | --- |
| 2022全国乙卷 | 高炉卫士孟泰等 |
| 2022年浙江6月 | 黄震 |
| 2022年全国甲卷 | 方志敏、夏明翰、王进喜，黄文秀 |
| 2020年全国Ⅱ卷 | 小甘、胡博士、小锋、小静四位青年 |
| 2019年全国Ⅲ卷 | 焦裕禄 |
| 2019年全国Ⅱ卷 | 其美多吉为代表的雪线邮路劳动者 |
| 2019年海南卷 | 卓嘎、央宗姐妹 |
| 2018年全国Ⅱ卷 | 袁隆平 |
| 2018年全国Ⅲ卷 | 开国将军甘祖昌 |
| 2018年海南卷 | 我国航天人 |
| 2017年全国Ⅱ卷 | 创新中国的科技领航者 |
| 2017年海南卷 | 时代楷模李保国 |
| 2016年新课标Ⅰ卷 | 邱少云、董存瑞 |
| 2016年新课标Ⅲ卷 | 屠呦呦团队 |
| 2015年新课标Ⅱ卷 | 杨靖宇等爱国将领 |
| 2014年课标卷Ⅱ | 基层兽医冯洪钱 |

2014年课标卷Ⅰ　　　　　　　　　　　　　钱学森

2013年海南卷　　　　　　　　　　　　　　雷锋

## （五）参考资料

[1]《新时代东北振兴：百年鞍钢的变与不变》，中国青年网，2019年9月23日。

[2]《孟泰：鞍钢老英雄》，新华社，2020年3月24日。

[3]《孟泰：劳模精神永放光芒》，新华网，2021年6月28日。

# 八、教学总结与反思

鞍山市有鞍钢，是共和国钢铁工业的摇篮。鞍钢是一个宝藏，我不断地挖掘这里的教育资源。

鞍山一中的一位同学说："当我读到孟泰要入党了，我和孟泰一样激动。我可能将来不能像孟泰老英雄一样有那么大的成就，但我将来也要加入中国共产党，成为一名党员。"孩子的眼神充满真诚，课堂发出热烈的掌声，有一颗种子在孩子心里萌芽，种子是最有力量的。

一节鞍钢素材的课堂浓缩成几百字就是一道高考题，把高考题打开，进行活动化处理，就是一堂思政课。学生会感受到，高考题的情境很短，我们随手一写就是他们的一生；英模人物的精神又很厚重，一道题又怎能装得下他们的伟大。促使学生实现从做题向做人的转变。

作为思政人，我们赋予孩子的远不止知识，也不限于素养，而是到达精神，触及孩子内心最柔软的地方。而到达的方式有很多种，我选择真实的力量——真情境、真素材、真生成、真互动、真课堂、真教育。

# 中国何以巨变

## —— 探析我国世界杯观看进化史

沈阳市第一中学　姜　蕊

## 一、课程基本信息

**主讲课程：**中国特色社会主义

**使用教材版本：**人民教育出版社（2023版）

**教材章节出处：**高中思想政治必修一《中国特色社会主义》第三课第一框《伟大的改革开放》

## 二、教学设计概述

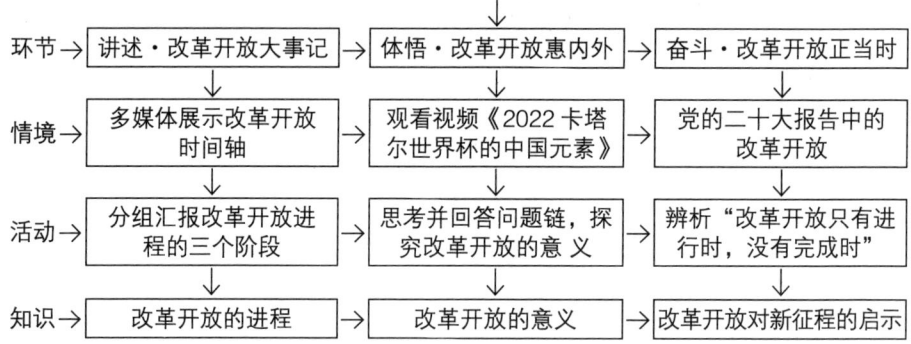

聚焦思想政治学科核心素养，坚持问题导向、情境嵌入，任务驱动的逻辑，促进知行合一，凸显活动型课程的实践性和参与性，遵循教育规律和学生成长规律，促进学生全面而有个性的发展。

本框题是高中思想政治必修一第三课的第一框题，上承《社会主义制度在中国的确立》，下启《中国特色社会主义的创立、发展和完善》，具有承上启下的作用。这一框题的课程逻辑是从改革开放的进程到改革开放的意义，围绕改革开放这个中心点，通过阐述改革开放的进程，深化学生对改革开放意义的认知，培养其对中国特色社会主义才能发展中国的政治认同，让学生理解改革开放的伟大的所在之处。

本课以"中国何以巨变"为总议题，通过四个教学环节展开活动型学科课程，以"我国世界杯观看进化史与改革开放时间轴相呼应"为切入点展开教学，使学生理解、认同、践行我国改革开放以来所形成的一切伟大理论与实践。

## 三、学情分析

学生知识分析：本节课面对的是高一学生，在九年级道德与法治课第一课第一框中学生已经学习过相关内容，具备相关的理论基础。但初中的教学目标主要是要学生了解改革开放的历程，关注改革进程，辩证看待物质富足与生活幸福之间的关系。在此基础上，本节课从宏观到微观的角度进一步学习改革开放的进程，并从中得出改革的意义。

学生能力分析：高一学生拥有一定的生活体验，具备一定的信息收集和筛选能力、阅读能力以及语言表达能力，同时具备一定的抽象思维能力，对核心概念的把握能力有所提升。

学生心理分析：高一学生处于身心发展飞快的特殊时期，对于客观事物已形成自身独特的认知模式，但仍受社会环境影响，需要教育者加强引导，使之形成完备的健康心理状态。

## 四、教学目标

课标内容要求：

2.2 阐明开创中国特色社会主义是党和人民长期奋斗、创造、积累的根本成就，要使学生理解中国特色社会主义是党和人民在革命、建设时期付出各种代价，经过接力探索在改革开放新时期开创的。

课标的实施建议：

进行活动型学科课程的教学设计辨析式学习过程的价值引领，综合性教学形式的有效倡导，系列化社会实践活动的广泛开展。

课标的学业质量水平要求：

1-1 引用典型事例，证实选择中国特色社会主义道路的正确性；回顾改革开放的发展历程，表明中国特色社会主义理论体系是指导党和人民沿着中国特色社会主义道路实现中华民族伟大复兴的正确理论；3-1 选择恰当论据，在全球视野中比较各国发展道路，论证只有中国特色社会主义才能发展中国；结合改革开放的实践，阐述习近平新时代中国特色社会主义思想的精神实质；4-1 跟进全面深化改革的进程，论证坚持中国特色社会主义制度不动摇的理由。

教学目标：

结合国人观看世界杯的发展变化，了解党的十一届三中全会以来我国改革开放取得的主要成就，坚定拥护中国共产党的领导，增强对我国社会主义制度的认同感。

通过讲述改革开放大事记，总结改革开放历程的三个重要阶段，明确只有中国特色社会主义才能发展中国，牢固树立中国特色社会主义理想信念。

聚焦世界舞台上的中国，明确改革永无止境，深刻理解改革开放对中华民族的意义，积极投身于改革开放的伟大事业，自觉树立成为社会主义合格建设者和可靠接班人的意识。

## 五、教学重点难点

### （一）教学重点

本课的教学重点在于改革开放的进程、意义，课堂安排当中将会在本部分划分较多的时间。

### （二）教学难点

教学的难点在改革开放新征程的奋斗启示，课堂安排当中将会使用更贴近学生生活的事例便于学生理解。

## 六、教学设计总体思路

钻研教材、研究教法学法是上好一堂课的前提和基础，而合理安排教学过程是最为关键的一环。

在课前准备阶段，制作并印发本课的导学，指导学生预习本课的相关知识；提前下发任务，引导学生按照兴趣组合；结合中国载人航天事业的发展历程，引导学生收集资料、整理资料，分组排练情境短剧，做好汇报准备。

在导入新课阶段，通过学生自导自演的情景短剧导入可以使学生在参与的同时身临其境地思考，运用中国人40余年的世界杯"看球史"进行导入，使学生快速进入预设情境。

本课本可以"中国何以巨变"为总议题，在对内容进行深入分析、对本课知识点的落实要求进行细化整理后，将本课细化为三个环节，通过情境创设和活动设计，最终实施评价，达成素养导向下的活动型学科课程的教学设计。

## 七、教学过程

### （一）教学流程设计

**环节一：演绎·我从1978来**

教师活动：引导学生展示课前编排情景短剧《世界杯观看进化史》。①1978年6月26日中国第一次转播了世界杯比赛，凯歌牌收音机——"我们听到了世界杯"；②北京牌电视机——"黑白盒子里传来解说声"；③彩色电视——"绿茵场上马拉多纳神级助攻"；④数字电视、网络直播——"随时随地观看2022卡塔尔世界杯"。

学生活动：

1.认真观看短剧。

2.结合我国的"世界杯观看进化史"思考改革开放给我们的生活带来了哪些变化。

设计意图：通过学生自导自演的情景短剧导入，可以使学生在参与的同时身临其境地思考，使学生增强对国家巨变的感官体验，从而增强学生对祖国的自豪感，增强政治认同感。同时末尾点明主题，引出本节课的课题。

**环节二：讲述·改革开放大事记**

教师活动：展示改革开放时间轴。

学生活动：按照政治学科活动小组划分为3组，每组分别讨论、总结改革开放的三个重要阶段，选派代表上前为同学讲述该阶段的标志性事件。

第一组：起步阶段（1978—1992），我国的改革率先从农村取得突破，重点是家庭联产承包责任制的推行和乡镇企业的异军突起。这个阶段对外开放迈开关键步伐，逐步建立起全方位、多层次、宽领域的对外开放格局。

第二组：逐步深化阶段（1992—2013），这个阶段的突出特点是从计划经济体制转向社会主义市场经济体制，确立社会主义市场经济体制目标和基本框架，改革和完善相应体制机制。这个时期不仅沿江沿边城市得到开放，而且部分省会城市也进入开放行列，对外开放继续扩大。加入世界贸易组织标志着我国对外开放达到新的水平。

第三组：全面深化阶段（2013年以后），这个阶段明确了社会主义市场经济体制改革的核心问题，即使市场在资源配置中起决定性作用和更好地发挥政府作用；设立中国（上海）自由贸易试验区，表明我国顺应全球经贸发展新趋势，先行先试、深化改革，更加积极主动扩大开放的重大举措，说明中国开放的大门不会关闭，只会越开越大。

设计意图：分组讨论探究，颇有竞争的意味，充分激发学生探究的兴趣。分析、思考、总结这三个子任务的设置，增强了学生解读材料、建构新知的能力，增强了学生的政治认同和文化自信。引导学生全面掌握教学重点"改革开放的进程"，努力实现"课程内容活动化"。

**环节三：体悟·改革开放惠内外**

教师活动：

1.播放视频《2022卡塔尔世界杯的中国元素》。（视频文本资料：中国建造卢塞尔体育场；太阳能光伏电站；世界杯足球场草坪的灌溉与养护，由中国宁夏大学提供技术支持；从口哨到主题马克杯、抱枕，约70%的卡塔尔世界杯周边商品产自义乌；中国宇通公司生产的新能源客车成功中标卡塔尔世界杯服务用车项目；本届卡塔尔世界杯，共有四家中国企业入选官方赞助商名单：万达集团、海信集团、蒙牛乳业、VIVO。中国品牌是这项赛事最大的赞助商，赞助额达14亿美元）

2.《2022卡塔尔世界杯中的中国元素》体现了我国哪些领域迈出国门、走向世界？对比1978年中国第一次转播世界杯，结合身边具体实例，感受改革开放的伟大意义，通过中国如此深刻而直观的巨变，谈谈对你的启示。

3.中国建造、中国技术、中国制造、中国品牌以及中国国宝大熊猫都成为卡塔尔世界杯最为闪耀的中国元素。对比1978年中国第一次转播世界杯，改革开放使中国发生了沧桑巨变：①改革开放极大改变了中国的面貌、中华民族的面貌、中国人民的面貌、中国共产党的面貌；②改革开放使中华民族迎来了从站起来、富起来到强起来的伟大飞跃；③改革开放使中国特色社会主义迎来了从创立、发展到完善的伟大飞跃；④改革开放使中国人民迎来了从温饱不足到小康富裕的伟大飞跃；⑤中华民族正以崭新的姿态屹立于世界的东方。

这使我们深切感受到，改革开放是党和人民大踏步赶上时代的重要法宝，改革开放是坚持和发展中国特色社会主义的必由之路，改革开放是决定当代中国命运的关键一招，也是决定实现"两个一百年"奋斗目标、实现中华民族伟大复兴的关键一招。

学生活动：

1.认真观看视频。

2.思考并回答问题。

3.拓展学习"两个一百年"。

设计意图：观看视频使学生深刻体会如今中国在各个领域的飞速发展，不仅惠及全体人民，而且能够惠及全世界，与学生的情景短剧相呼应，放大对比，再通过问题链的提出层层启发学生。学生回答环节加强师生互动，突破教学难点，锻炼学生的思维能力与创新力，使学生体悟改革开放的重大历史意义与现实意义。

### 环节四：奋斗·改革开放正当时

**教师活动：**帮助学生回顾党的二十大报告中关于改革开放的重要论述。

**学生活动：**结合党的二十大报告与所学知识，辨析"改革开放只有进行时，没有完成时"这个论断。

**设计意图：**紧密结合最新理论成果，挖掘学生的思辨能力与政治敏感度，使学生完成本课学习从感性到理性的飞跃。

## （二）课堂小结

实践发展永无止境，解放思想永无止境，改革开放也永无止境，停顿和倒退没有出路。习近平总书记在党的二十大报告中指出："坚持以经济建设为中心，坚持四项基本原则，坚持改革开放，坚持独立自主、自力更生……坚持把中国发展进步的命运牢牢掌握在自己手中。"对外开放是中国的基本国策。

中国式现代化是我国发展道路的鲜明特色，是我国全面建设社会主义现代化国家的道路选择，既有各国现代化的共同特征，更有基于自己国情的中国特色。推进和拓展中国式现代化，要在前进道路上坚持深化改革开放。当今世界是开放的世界，开放带来进步，封闭必然落后。改革开放只有进行时，没有完成时。

## （三）板书设计

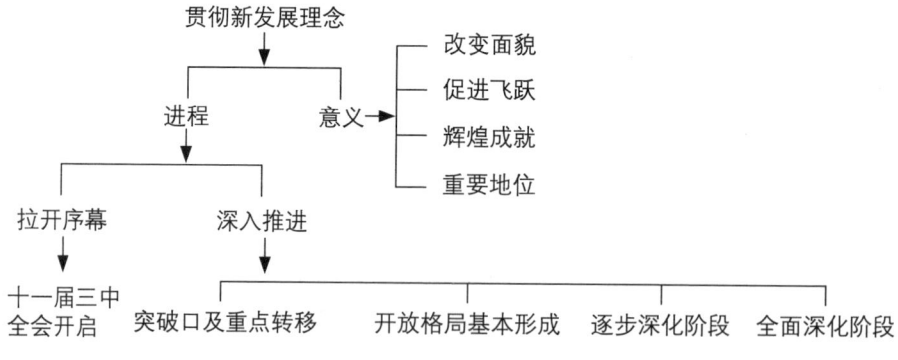

## （四）作业设计

每人了解一位改革开放先锋事迹，梳理他为国家和社会发展做出的贡献及对你的启发，并为他写一份100字的先锋颁奖词。

## （五）参考资料

[1]中华人民共和国教育部：《普通高中思想政治课程标准（2017年版2020年修订）》，人民教育出版社，2017年。

[2]中共中央宣传部：《习近平总书记系列重要讲话读本》，学习出版社，2016年。

[3]《世界杯中的中国元素》，https://www.zhihu.com/tardis/sogou/art/585430428.

[4]《中国人40年世界杯观看进化史》，https://m.clzg.cn/article.html?id=14931.

# 八、教学总结和反思

本课尝试了活动型学科课程的教学设计，设计多种类型的学科任务，通过演绎、讲述、体悟、撰写等活动，引导学生经历分析解决问题、完成特定学科任务的过程，理解改革开放的进程与意义。

坚持"学生主体、教师主导"的基本理念。围绕"中国何以巨变"这一议题，从学生实际情况入手，运用生活和时事政治实例，积极倡导学生抒发观点，给出理由，调动学生的学习积极性。充分利用身边典型、社会实践以及学生已有的生活经验，把课本知识融入生活题材，构建学科知识和生活现象、理论逻辑和生活逻辑的有机结合，发展学生的观察能力、独立思维能力、自学能力及社会实践能力。

本堂课的不足之处：这堂课在充分发挥学生主体地位、调动学生积极性的同时，讨论过程中的时间成本与课堂效果还需要进一步摸索，在后续的教学中，我将积极地寻求方法，找到两者的平衡。

# 弘扬时代精神，争做时代楷模

盘锦市辽河油田第三高级中学　肖福东

## 一、课程基本信息

主讲课程：哲学与文化

使用教材版本：人民教育出版社（2019版）

教材章节出处：高中思想政治必修四《哲学与文化》第三单元《文化传承与文化创新》第七课《弘扬中华优秀传统文化与民族精神》

## 二、教学设计概述

### （一）教案主题

弘扬时代精神，争做时代模范。

### （二）教学内容

1.时代精神的内涵与价值。

2.我国在各领域取得的伟大成就。

3.民族自豪感的培养与时代精神的关系。

4.如何在日常生活中践行时代精神？

### （三）教学评价

1.学生参与课堂讨论的积极性。

2.学生撰写课后心得体会，分享在学习过程中的感悟和收获。

3.学生在日常生活中践行时代精神的实际情况。

## 三、学情分析

通过前面的学习，学生对中华优秀传统文化的当代价值有了一定的知识基础。我们都置身于一定的文化生活中，时时刻刻感受着文化的熏陶，有一定的生活经验，所以对于弘扬中华优秀传统文化这个问题我们并不陌生。加之现在国家大力提倡弘扬民族精神，进行文化建设，社会氛围浓厚，学生对民族精神也有一定的了解。但是我们的授课对象是高二的学生，其认知水平、知识结构不够清晰。对于中华优秀传统文化的创造性转化和创新性发展这个热点话题的认识不够清晰，同时对于如何弘扬民族精神这个问题较难把握和理解。所以在讲课过程中要积极发挥学生的主体作用，引导学生独立思考，总结课本知识点。

## 四、教学目标

1.结合实例，思考中华民族精神该如何实现继承、创新，掌握民族精神、中华民族精神的内涵，理解中华民族精神内容是如何丰富和发展的，涵育政治认同、公共参与素养。

2.结合"走入新时代、弘扬新精神"这一议题展开讨论，在"红船精神""星星之火，燎原之势"和"星辰大海"三个环节中理解"中华民族精神"以及"弘扬中华民族精神"的相关内容，涵育科学精神素养、公共参与素养。

3.理解实现中华民族精神创造性转化和创新性发展原理；能够完整地表述中华民族精神的内涵，领会爱国主义是中华民族精神的核心。

4.借用事例领会中华民族精神的内涵，中华民族精神在不同时期会有不同表现的原因，不同时期形成的具体精神。

5.用实现中华优秀传统文化创造性转化和创新性发展原理，分析我国传统文化，在品鉴诗词活动中提炼和感悟中华民族精神的内涵，理解中华民族精神在不同时期会有不同表现的原因，弘扬和培育民族精神，实现中华民族伟大复兴的中国梦。

## 五、教学重点难点

### （一）教学重点

中华民族形成了以爱国主义为核心，团结统一、爱好和平、勤劳勇敢、自强不息的伟大民族精神。中国人民是具有伟大创造精神、伟大奋斗精神、伟大团结精神、伟大梦想精神的人民。

### （二）教学难点

理解中华民族精神的内涵。应让学生在举出实例过程中加以内化，进而理清团结统一、爱好和平、勤劳勇敢、自强不息的伟大民族精神与伟大创造精神、伟大奋斗精神、伟大团结精神、伟大梦想精神的内在联系。

## 六、教学设计总体思路

"情境感染、角色模拟、议题牵引、感悟提升"教学方法。

这一教学方法让学生在真实的生活情境中围绕议题开展探究性学习，在教学过程中由学生来扮演一定的社会角色，运用所学的知识去分析和解决一定的社会问题，由学生进行课堂小结、学习评价、心得感悟。这一方法坚持了学生的主体地位，做到教学目标多元化、教学内容牛活化、教学过程活动化、教学活动序列化、教学评价多样化，让学生的思维动起来，让课堂变得精彩，使学生获得充满新鲜感的体验，极大地调动了积极性，实现了知识、能力和核心素养的统一，落实了立德树人的根本任务。

## 七、教学过程

### （一）教学流程设计

#### 环节一：复习导入

教师活动：

1.提问：中华优秀传统文化的主要内容有哪些？中华优秀传统文化有哪些特点？

2.安排学生进行自主学习课本上的知识，在PPT上展示自学内容：中华民族精神的内容是什么？中华民族精神的核心及地位是什么？中华民族精神的作用是什么？中华民族精神是如何形成、丰富和发展的？弘扬和培育民族精神的要求是什么？

学生活动：

1.核心思想理念、中华传统美德、中华人文精神等源远流长、博大精深。取其精华、去其糟粕，推陈出新、革故鼎新。

2.学生阅读教材第100页至第102页，自主学习教材知识。

设计意图：回顾之前所学知识，巩固之前学习内容并联系到接下来的新课程讲授。自主学习教材知识，有助于对新课进一步理解。

**环节二：中华民族精神**

教师活动：

1.播放视频《南昌起义》并介绍南昌起义的背景及主要内容。进入新课，讲授中华民族精神。

2.中国人民靠什么样的精神支持，取得了如此巨大的成就？你所品鉴的名句又体现了该精神哪一方面的内容？

3.为什么要高扬爱国主义这一主题？中华民族精神为什么在不同时期会有不同的表现？它有哪些具体表现？

4.你了解中华民族精神的发展历程吗？按照时间发展脉络对中华民族精神的发展历程进行梳理：首先介绍的是伟大建党精神，此处要重点介绍伟大建党精神的重要性和内涵。紧接着按照时期介绍，分为新民主主义革命时期、社会主义革命时期、建设和改革时期形成的诸多精神，以及在最新的抗疫实践中形成的抗疫精神。

学生活动：

1.分为六个小组，对视频进行分析，深挖视频背后的内涵，解读民族精神含义，阐释人生价值，提炼出民族文化、民族性格、民族信仰等共同特质。再由组长或组长推荐的组员上台发言，其他组员适当进行补充。

2.小组成员分开发言，最后代表总结南昌起义精神：南昌起义的伟大精神，主要集中体现在三点上。一是坚定不移的革命信念。自成立以来，中国共产党人以马克思主义为指导，认定马克思主义能够救中国。所以，不管遇到什么情况，中国共产党人都没有放弃自己的信念、自己的信仰。南昌起义充分展示了中国共产党人的共产主义信念是坚定不移的。二是敢于斗争的英雄气概。在敌人镇压、屠杀的白色恐怖之下，中国共产党人敢于斗争，不畏强暴，打响了武装反抗国民党反动派的第一枪，举行了南昌起义。三是百折不挠的坚强意志。由于有了坚定的信仰、敢于斗争的英雄气概，虽然面对各种内部外部的干扰、波折，中国共产党人越挫越勇，最后从一个胜利走向另一个胜利。今天，我们处在建设具有中国特色社会主义的新时代，南昌起义所表现出来的这些崇高精神仍然具有现实意义，将激励我们在党的领导下进行伟大斗争、建设伟大工程、推进伟大事业、实现伟大梦想，攻坚克难，实现党和国家宏伟的奋斗目标。

教师活动：什么是南昌起义精神？南昌起义精神与中华民族精神之间的关系是什么？

学生活动：南昌起义精神是中华民族优秀历史文化传统的继承和发扬，也是中国半殖民地半封建时期特殊历史条件的产物。它的产生与形成是历史的必然，是中华民族精神的继承和发扬。

教师活动：根据南昌起义精神的内涵，你能进一步归纳出中华民族精神的内涵吗？分配给各小组任务中华民族的形成，要求各组分开学生上讲台展示。

学生活动：各小组利用PPT分开展示：

（1）中华民族精神表现为各民族的爱国主义精神。我国各民族都无限热爱自己的家园，向往与自己有千丝万缕联系的中原地区。历史上，各民族所反映出的对中原地区的向心力，经过各族人民长期对中原地区以及广大边疆地区的共同开发、建设和保卫，形成了中华民族的爱国主义精神。

（2）中华民族精神还表现为各民族追求祖国统一的团结互助精神。早在春秋战国时期，我国就出现了孔孟大一统思想，这种思想以华夏的统一为核心。到十六国南北朝时，少数民族的一些统治者，也提出过统一的思想，并为实现统一进行了不懈努力。此后，在中国历史上，特别是在分裂时期，不管其动因是什么，许多民族的统治者都以统一中华为己任，以建立统一的中华政权为最大的光荣。

（3）中华民族精神表现为各民族爱好和平的精神。"和为贵"，孔子这句名言所体现的精神，一直深深扎根于我们的民族传统之中。黩武主义向为中国古代社会舆论所批评，而和平主义则为社会大多数人，特别是精英阶层所一致认同。比如孔子认为："天下有道，则礼乐征伐自天子出；天下无道，则礼乐征伐自诸侯出。"特别强调"礼"对战争的制止作用，带有强烈的道德主义的色彩。孟子采取了激烈的"非战"立场，他不仅反对战争，而且提出了人性"善"的本质以作为反战的人性根据。所以他主张实行"王道"，坚决反对"霸道"。墨子从"兼爱"的社会理想出发，反对侵略战争，提出"非攻"的主张，同时，他肯定了反对侵略的防御战争，注意研究制止侵略战争的方略，讲求守御之术。老子则从"无道无为"的主张出发，提出了一个"虽有甲兵无所陈之"的社会理想。

（4）中华民族精神表现为各民族勤劳勇敢的精神。例如：在为学从政方面，中华民族的杰出人物无一不是通过勤奋的攻读和顽强的奋斗而获得成功的。"业广惟勤""报德明功，勤勤恳恳"是为政的最基本要求，《尚书》中强调为政者要以周文王等人为榜样，不贪图安逸，废寝忘食。后世致力于事业学问的有志之士，也无不刻苦。唐代的杜佑30年时间写成了《通典》；明代的李时珍30余年修成《本草纲目》；清代写成的学术史著作《宋元学案》，是从黄宗羲开始，经过黄百家、全祖望、王梓材等先后补充订正，才最后完成的。古人刺股悬梁、穿壁引光、积雪囊萤、燃糠自照等勤奋好学的故事更是世代相传。

（5）中华民族精神表现为各民族自强不息、共同发展的精神。"自强不息"是从中国古代天人合一的宇宙观中孕育和发展出来的。"天行健，君子以自强不息"的意思就是，"天"永远不知疲倦地运动着，"君子"就应该效法天道刚健向前。"健"就是运行不止的意思。在2000多年的历史长河中这种奋发向上的精神一直激励着人们，成为后世奋发有为之人的立身处世的重要原则。近代以来，为了摆脱半殖民地半封建社会的落后状况，中国各族人民进行了艰苦卓绝的斗争，这些都是中国各族人民自强不息精神的体现。

设计意图：引导学生深刻理解和感悟中华民族精神中的勤劳勇敢精神，以及这种精神对于个人成长、事业发展、国家繁荣的重要意义。

**环节三：中国共产党成立以来形成的中华民族精神**

教师活动：

1.在中国共产党带领广大人民进行革命、建设、改革的奋斗历程中，培育形成了一系列彰显和体现时代和社会发展要求、凝聚各方力量的民族精神，丰富和发展了民族精神，你知道有哪些吗？随机提问学生。

2.社会主义革命和建设时期的民族精神有哪些？

3.改革开放和社会主义现代化建设新时期的民族精神有哪些？

4.中国特色社会主义进入新时代的民族精神有哪些？

5.播放《南昌舰获得时代楷模》的视频。在新时代，我们应该如何弘扬和培育民族精神？

学生活动：

1.伟大建党精神、井冈山精神、红船精神、延安精神、西柏坡精神、长征精神、红岩精神。

2.雷锋精神、大庆精神、铁人精神、焦裕禄精神、"两弹一星"精神、红旗渠精神。

3.塞罕坝精神、抗洪精神、载人航天精神。

4.脱贫攻坚精神、抗疫精神。

5.①在新时代，弘扬和培育民族精神，必须培育和践行社会主义核心价值观。（关键）②要以培养担当民族复兴大任的时代新人为着眼点，强化教育引导、实践养成、制度保障，发挥社会主义核心价值观的引领作用，实现中华民族伟大复兴的中国梦。

设计意图：本环节旨在帮助学生全面、深入地了解和传承这一伟大的精神财富。

## （二）课堂小结

在本堂高中思想政治教育课程中，我们主要围绕"弘扬时代精神"这一主题展开了深入的讨论——如何在实际工作中弘扬这一精神。我们认识到，时代精神是一定时期内社会上占主导地位的精神追求，是推动社会发展的精神动力。在新时代背景下，时代精神表现为爱国主义、集体主义、社会主义精神，以及改革创新、开放包容、勇于担当等品质。

## （三）板书设计

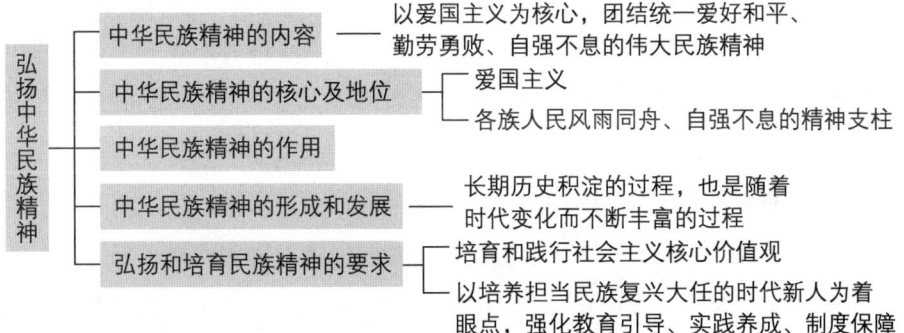

## （四）作业设计

1.学习时代精神的内涵和意义

（1）观看短视频《时代精神》，了解时代精神的定义和价值。

（2）阅读教材相关内容，理解时代精神在我国发展中的重要作用。

2.分析我国在各领域取得的伟大成就

（1）梳理我国在经济、科技、文化等领域的发展历程和取得的成就。

（2）思考这些成就背后的时代精神体现。

3.撰写心得体会，思考如何在生活中践行时代精神和社会主义核心价值观

（1）结合自身实际，撰写心得体会，阐述对时代精神的理解和认识。

（2）思考如何在日常生活中践行时代精神和社会主义核心价值观，为实现中华民族伟大复兴的中国梦贡献力量。

（五）参考资料

[1]《南昌起义》,https://www.bilibili.com/video/BV1UG4y1i7g7/?spm_id_from=333.337.search-card.all.click.

[2]《南昌舰获得时代楷模》,https://www.bilibili.com/video/BV1SK4y1z734/?spm_id_from=333.337.search-card.all.click.

## 八、教学总结与反思

在本次教学中，我以社会主义核心价值观为主线，通过讲解时代精神的内涵、我国在各领域的伟大成就、先进人物的事迹等内容，让学生深入理解时代精神的价值。同时，我结合实际生活案例，引导学生认识到时代精神在现实生活中的重要性。

从学生的表现来看，他们对于时代精神和社会主义核心价值观有了更加深刻的认识。经过本次教学，学生们表示要以先进人物为榜样，努力学习，为实现中华民族伟大复兴的中国梦贡献自己的力量。在本次教学中，我发现自己在部分内容的讲解上过于理论化，导致学生理解起来较为困难。此外，课堂互动环节的时间安排不够充足，使得部分学生未能充分表达自己的观点。

为了提高教学效果，我计划在今后的教学中加强对时代精神和社会主义核心价值观的实践意义的研究，用更生动、贴近生活的案例进行讲解。同时，加大课堂互动环节的时间，鼓励更多学生积极参与讨论，提高他们的思考和表达能力。

总之，通过本次教学反思，我认识到要在弘扬时代精神、践行社会主义核心价值观的教学中，注重理论与实践相结合，关注学生的个性化需求，充分发挥学生的主动性，以提高教学效果。在今后的教学中，我将不断改进教学方法，为培养具有时代精神和社会主义核心价值观的新时代青年而努力。

# 一个时代一种精神

沈阳市法库县第二高级中学　范　博

## 一、课程基本信息

**主讲课程**：哲学与文化

**使用教材版本**：人民教育出版社（2019版）

**教材章节出处**：高中思想政治必修四《哲学与文化》第二单元《认识社会与价值选择》第五课《寻觅社会的真谛》第三课时《社会历史的主体》

## 二、教学设计概述

新时代呼唤新课程的到来，新课程凸显新的教育理念。其核心是要从根本上改变教师的教育教学方式，提倡自主、实践、探索、合作等多样化的学习方式，让学生真正成为课堂的主体、学习的主人。因此，教师一方面要树立新的教学观念，在教学中，应该作为学生学习活动的组织者、引导者和促进者；另一方面要树立正确的学生观，要树立以学生为本的意识。这对于我们一线教师来说是机遇，也是挑战。应该如何深入理解新理念，处理好教与学的关系；如何探索出行之有效的教育教学方法；如何处理实践中遇到的问题和困惑；等等，都需要我们积极探索，开拓创新。

俗话说：好的开端是成功的一半。一个好的导入是教学成功的开始，可以为后面的教学做好铺垫。课堂教学中，导入新课设计和运用得好，会激发学生浓厚的学习兴趣和强烈的求知欲望，从而提高课堂教学质量。在导入上，采用了以总议题来共同学习本课，使学生带着总议题的问题进入本课，这一设计激发了学生的学习热情，使他们在讨论时有话可说，营造了"课始激情情即生，未成曲调先有情"的课堂氛围，让学生心情愉快地全身心投入新课的学习之中，达到事半功倍的效果。

教师在教学中提供贴近学生生活的、丰富的感性材料去充实课堂教学内容，注重思辨。①生生互动，审视生活。视频结束，师生意犹未尽，及时提出探究问题，让学生在激烈的讨论中碰撞出知识的火花，这一过程，让学生学会了思考身边的经济现象，促进了学生之间的互动，增强了学生思考、团结、合作的能力。②探究式、启发式教学法。借助三个材料论证为什么人民群众是社会精神财富的创造者，多媒体展示材料，导入问题，层层设疑深入，调动学生思维，激发学生兴趣，充分发挥学生的主体作用，使学生在探究的过程中体验知识的生成过程。③坚持理论联系实际的原则。紧密结合生活中的案例，引导学生学以致用，对案例乃至对生活进行感性认识和理性分析，明确我们都是创造历史的参与者，培养学生的主人翁意识。

## 三、学情分析

高二学生思维普遍活跃，具备一定的阅读能力、理解能力、信息搜集能力和分析能力，具备一定的信息技术、应用技术，因此他们能够自主获取信息资料，能做好比较充分的课前准备。对社会生活有一定的感性及理性认识，但学生在社会历史观上还不能辩证地分析历史的发展，尚未形成科学的历史观。由于"个人英雄主义"的干扰、学生知识结构的不健全及科学思维方法的欠缺都在一定程度上影响教学的效果。哲学知识又相对有些抽象，学生的认知能力有限，因此在本课中，贴近学生生活，提供丰富的感性材料去充实课堂内容，注重情感陶冶，进一步提升学生的理性思考和分析能力是很有必要的。同时，本课中通过案例探究活动，把课堂还给学生，充分发挥学生的主体作用，也有利于调动学生学习和参与政治生活的热情，培养学生公民意识和主人翁精神，提高他们参与社会生活的主动性和责任感。

## 四、教学目标

### （一）知识素养

识记人民群众的含义，人民群众是历史的创造者，党的群众观点和群众路线。

### （二）能力目标素养

通过社会历史的主体的学习，明确社会历史首先是物质生产发展的历史，形成自觉坚持用群众观点和群众路线看待和处理问题的能力。

### （三）情感、态度、价值观素养

坚持群众立场，坚持群众路线，自觉站在广大人民群众的立场上，维护广大人民群众的根本利益。培养尊重劳动、热爱人民的情感。培养公民意识，增强主人翁责任感。

### （四）政治认同

引导学生树立科学的世界观、人生观和价值观，坚持马克思主义的唯物主义历史观，引导学生自觉站在广大人民群众的立场上。

### （五）科学精神

培养学生鉴别理论是非的能力，培养学生在生活实践中的科学探索精神和革命批判精神。培养尊重劳动、热爱人民的情感。

## 五、教学重点难点

### （一）教学重点

理解人民群众是历史的创造者，这一哲理在马克思主义哲学中占有重要的地位，掌握这一观点，有利于学生从情感上贴近人民群众，热爱人民群众。

### （二）教学难点

党的群众观点和群众路线，这一方法论要求离学生的生活实际相对较远，加之社会上的不良现象使学生在群众观点上比较模糊，因而把它作为教学难点。

## 六、教学设计总体思路

这节课的讲解主要分为三个模块，一是通过本节课的总议题的展示，进入新课。二是通过《全部脱贫摘帽》和《共同富裕示范区》的视频展示，提出两个问题：①谁实现了"全面小康"？②如何实现"共同富裕"？带着这两个问题，学习新课。三是通过练习题，引导学生思考，帮助学生解答，用课件展示小结线索图，巩固新课。这三个模块遵循学生的学习思维，循序渐进。

在导入上，采用了以总议题来共同学习本课，使学生带着总议题的问题进入本课，这一设计激发了学生的学习热情，使他们在讨论时有话可说，营造了"课始激情情即生，未成曲调先有情"的课堂氛围，让学生心情愉快地全身心投入新课的学习之中，达到事半功倍的效果。

本课在学生学习辩证唯物主义的基础上，专门探讨了人类社会历史的主体，培养学生的唯物史观。因此，在讲述本课时须把握主线、注重逻辑、整合知识，讲清楚人民群众是历史的创造者，树立群众观点和坚持群众路线。由于学生们生活阅历比较少，缺乏必要的社会参与和生活体验，对社会现实的认识可能会有一定的偏差和误区，尤其容易受"个人英雄主义"思想的影响，对人民群众地位和作用的认识存在一定偏差，因此教师在教学中提供贴近学生生活的、丰富的感性材料去充实课堂教学内容，注重思辨。

## 七、教学过程

### （一）教学流程设计

#### 环节一：教学导入

教师活动：

1.多媒体展示本课的总议题：从"全面小康"到"共同富裕"是为了谁？如何实现"共同富裕"？

2.多媒体展示议学材料：全部脱贫摘帽的视频。谁实现了"全面小康"？在这场脱贫攻坚战中，每个人的作用都是一样的吗？

学生活动：分组合作探究、交流、发言，回答问题。

设计意图：引入新课。

**环节二：讲授新课**

教师活动：

1.正确认识人民群众这一概念。

2.人民群众是历史的创造者：①人民群众是社会物质财富的创造者；②人民群众是社会精神财富的创造者；③人民群众是社会变革的决定力量。

3.群众观点和群众路线——如何看待人民群众：①党的群众观点；②党的群众路线；③坚持群众观点和群众路线的原因（三个重要保证）；④多媒体展示图片，如何坚持群众观点和群众路线（措施）。

学生活动：

1.自主阅读课文、交流，发表自己的看法。

2.自主分析，深入理解群众是物质财富的创造者。整理交流。

3.自主分析，深入理解群众是精神财富的创造者。整理交流。

4.自主分析，深入理解群众是社会变革的决定力量，整理交流。

5.从实例中探究怎样坚持群众观点和群众路线。利用理论原理分析。

设计意图：自主学习形成整体的知识框架，自主探究，自我提升。

**（二）课堂小结**

本节课从唯物史观出发，揭示了人民群众是历史的创造者，我们要求树立群众观点和群众路线。用课件展示小结线索图。

**（三）板书设计**

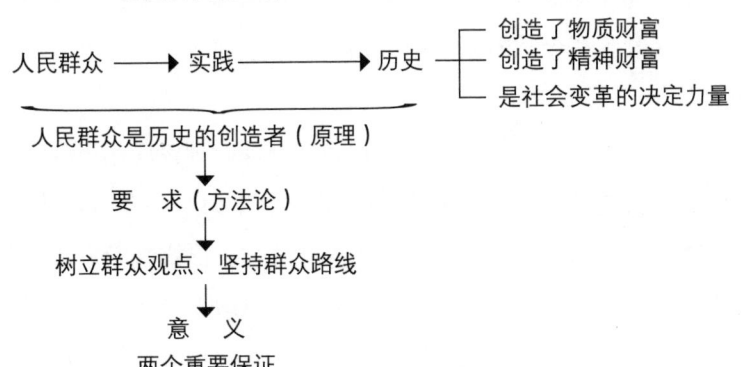

（四）作业设计

1.蒲松龄在创作《聊斋志异》时，设立茶馆，通过群众讲故事来搜集素材。这说明了（　　　　）

①人民群众是社会物质财富的创造者

②人民群众的生活和实践是一切精神财富形成和发展的源泉

③人民群众的实践为精神财富的创造提供了必要的物质条件

④人民群众还直接创造了丰硕的社会精神财富

A.①②　　　　B.①②③

C.②③　　　　D.②③④

2.《中共中央关于构建社会主义和谐社会若干重大问题的决定》指出，构建社会主义和谐社会，必须坚持在党的领导下全社会共同建设，要维护人民群众的主体地位，团结一切可以团结的力量，调动一切积极因素，形成促进和谐人人有责、和谐社会人人共享的生动局面。

这段材料体现了历史唯物主义的什么哲学道理？结合身边的事例，谈谈我们应该如何处理自己与群众的关系？

（五）参考资料

中华人民共和国教育部：《普通高中思想政治课程标准（2017年版2020年修订）》，人民教育出版社，2020年。

# 八、教学总结与反思

作为一名高中思想政治教师，要落实新课改理念，就必须改思想，在心里真正接受课改。在今后的教学中，我既是学生的老师，也是学习、运用新课改的学生。

应吃透新课标，牢固树立课改意识，将新课改理论应用于教学实践。以学生为主体，注重能力提高。切实构建"以学生为中心"的主体观，突出学生的主体作用。创新情景模式，采用探究式、合作式教学方法，以师生、生生合作为基本动力，在提高学业成绩的同时也增强了师生、生生之间的感情，提高其交际技能。在教材讲解完成后，还应有相应的案例检测学生的掌握度，坚持理论联系实际，方能凸显新课改目标，实现素质教育教学。巧用现代教学手段，充分调动学生的感官，有效地激发学生的学习兴趣，使学生产生强烈的学习欲望，从而积极参与到学习中来，成为学习的主体。

作为政治教师，我们一定要积极主动适应新形势的变化，树立全新的教育教学理念，探索由一条开放型、多元型的教改思路，构筑起全方位的教学格局，让课堂真正属于学生，让学生真正适应未来。

# 劳模精神为新中国成立初期工业化建设蓝图添砖加瓦

## ——"一五"计划的制定和实施

沈阳化工大学　王佳睿

## 一、课程基本信息

主讲课程：中国近现代史纲要

使用教材版本：高等教育出版社（2023版）

教材章节出处：《中国近现代史纲要》第八章第二节第二框《社会主义工业化的起步》

## 二、教学设计概述

《中国近现代史纲要》是一门全国高等学校本科生必修的思想政治理论课，本次授课内容是"一五"计划。对比大中小学阶段的历史课教材，"一五"计划内容分别在初中阶段《中国历史》（八年级下册）第二单元第四课新中国工业化的起步和人民代表大会制度的确立，以及高中阶段《历史》（中外历史纲要 上）第九单元第二十六课中华人民共和国成立和向社会主义的过渡。总体来讲，对于中国近现代史纲要这门课来说，从初中、高中到大学的学习是一个递进上升的过程。初中阶段学习的是历史知识，即中国近现代史是什么、有什么。高中阶段的学习，不仅要知道历史有什么，还要理解历史为什么是这样，影响中国近现代史发展的主要因素都有什么。大学阶段的学习，引导学生认识近现代中国社会发展和革命、建设、改革的历史进程及其内在规律，深刻领会"四个选择"和"三个为什么"，更加坚定地在中国共产党坚强领导下为实现中华民族伟大复兴而不懈奋斗。"一五"计划相关内容在初中与高中阶段都讲授过，针对本次授课的教学设计，需要注意以下几点：一是尽量避免选取与初中、高中阶段重复的授课案例；二是课堂提问的一至两个问题是对初中与高中阶段知识点的复习；三是授课内容选取案例紧扣授课班级专业；四是授课内容结合时事热点。

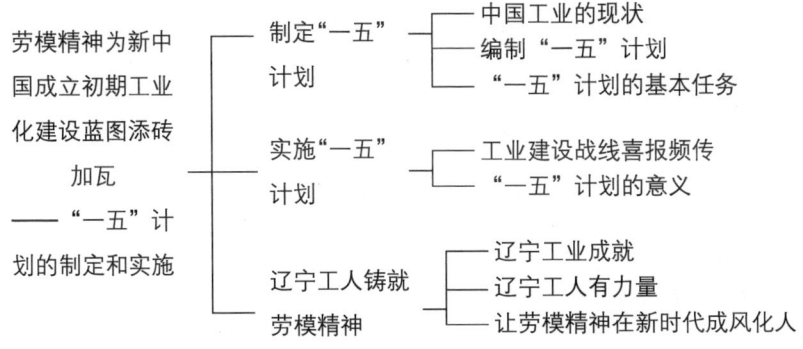

## 三、学情分析

本次授课对象是数控专业学生，其在初中与高中阶段已学习"一五"计划的基础知识点。课前让学生观看"学习通"中《社会主义工业化与社会主义改造同时并举》的教学视频并让学生自行观看《钢铁意志》电影。利用"学习通"发放关于本次课基础知识点的课前练习题，进一步了解学生对授课内容的掌握情况，从而发现部分学生没有掌握基本知识点，例如，有些同学不清楚实施"一五"计划的时间等内容。根据学生课前预习内容与情况，教学过程使用多元的教学方法并制定不同的互动内容。针对课前预习内容，授课中设置案例、提问、讨论、翻转课堂、巩固练习等课堂活动。安排学生课后阅读或观看拓展资料，进一步激发学生的学习兴趣。

## 四、教学目标

### （一）知识目标

通过本次课教学，了解我国开始实行发展国民经济的第一个五年计划，掌握我国第一个五年计划的基本任务、成就和意义，了解辽宁创造的诸多工业奇迹，辽宁涌现出的众多先进人物和劳动模范铸就的劳模精神。进一步深刻理解新中国的社会主义工业化建设，在"一五"期间虽然仅仅是处在起步阶段，但为国家的工业化奠定了初步的坚实基础。

### （二）能力目标

通过本次课教学，课前观看视频与回答习题，学会从预习内容中搜索并获取有效信息的方法；课中运用讨论法、案例教学法等教学方法，培养科学的判断能力和理性的思考能力；课后完成思考题与拓展资料，培养独立思考和解决问题的能力。

### （三）情感目标

通过本次课教学，了解当时中国这样落后的国家，是如何从零起步构建工业体系的。新时代的大学生在掌握专业知识、夯实学识功底基础上，应使劳模精神在内心落地生根，树立科技报国、实业报国的理想信念，把自己的人生同中华民族伟大复兴紧密联系在一起。

## 五、教学重点难点

### （一）教学重点

1."一五"计划的基本任务。

2."一五"计划的意义。

### （二）教学难点

1."一五"计划突出集中主要力量发展重工业的主要原因。

2.辽宁工人铸就劳模精神。

# 六、教学设计总体思路

## （一）总体设计思路

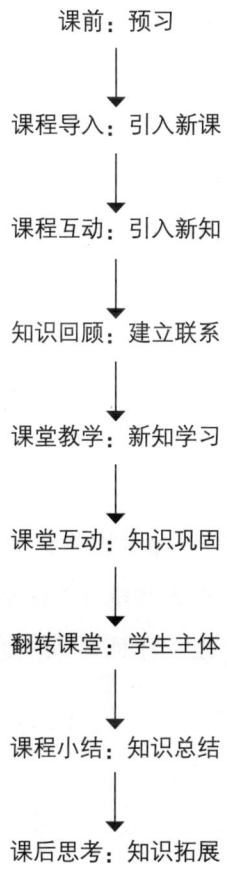

课前：预习

↓

课程导入：引入新课

↓

课程互动：引入新知

↓

知识回顾：建立联系

↓

课堂教学：新知学习

↓

课堂互动：知识巩固

↓

翻转课堂：学生主体

↓

课程小结：知识总结

↓

课后思考：知识拓展

## （二）教学方法

1.讲授法：本次授课中教师通过让学生理解制定"一五"计划的背景、实施"一五"计划取得的成就与意义，了解辽宁涌现出众多先进人物和劳动模范，引导学生弘扬劳模精神。

2.讨论法：本次授课讨论 "一五"计划为何集中主要力量发展重工业？讨论过程中，教师要求学生普遍发言，引导学生思考。讨论结束后，教师全面总结。通过讨论让学生积极参与课堂互动，在讨论环节巩固知识点。

3.案例教学法：本次授课运用案例教学法，让学生针对案例讨论交流，教师全面总结案例。一是"万国牌武器展览会"，让学生深刻理解中国如何从零起步构建工业体系。二是"杨永修——培养大国工匠　助力汽车产业发展"，让学生了解杨永修，弘扬劳模精神，用坚实的臂膀扛起时代担当与责任。

4.翻转课堂教学法：本次授课采取翻转课堂教学法的交叉翻转教学模式，提前一周通知学生本次课进行翻转课堂的具体内容，即观看电影《钢铁意志》。授课前，学生自行查阅资料进行准备。教师将学生自学的内容作为教学内容之一，并指定一名学生制作课件并在课堂讲解自学内容，其他同学进行补充性讨论。将学习的决定权从教师转移给学生，激发学生学习兴趣，并培养学生独立思考、分析问题和解决问题的能力，旨在培养学生口头表达能力，有利于深刻理解工人阶级以奋斗表达家国情怀。

### （三）信息化手段

本次课主要使用"学习通"和多媒体，课前在"学习通"发布预习内容；课中在学习通发布讨论、选人与抢答等活动，以及运用多媒体教学；课后在"学习通"发布思考题，以及针对学生的提问进行解答。

## 七、教学过程

### （一）教学流程设计

#### 环节一：课前

教师活动："学习通"发布课前预习内容与课前"学习通"签到。

学生活动：通过观看学习强国视频《社会主义工业化与社会主义改造同时并举》与电影《钢铁意志》，回答课前练习题。

设计意图：预习本次课程的相关内容，通过观看视频与回答"学习通"练习题，激发学生的学习兴趣，教师了解学生课前预习情况。

#### 环节二：新课导入

教师活动：

1.上次课已讲授过渡时期总路线，社会主义工业化是中国向社会主义过渡的主体。社会主义工业化是国家独立富强的首要条件，是整个国民经济实行社会主义改造的物质基础。

2.经过新中国成立以来特别是改革开放以来的发展，我国工业实现了由小到大、由弱到强的转变。那么中国如何从零起步构建工业体系的呢？

学生活动：观看视频：杨洪基演唱《老司机》歌曲视频。

1956年，长春第一汽车制造厂生产出新中国第一辆汽车——CA10型号解放牌汽车。《老司机》歌曲填词人刘中以老司机马国范的视角写下这首歌。既表达了马国范即将开上国产车的激动之情，又展现了长春人的骄傲和幸福。

设计意图：以《老司机》歌曲视频作为课前导入，增强学生的民族自信心和自豪感。进一步引发学生思考，新中国成立之初，是如何从零起步构建工业体系的？学生带着问题，学习新课知识点。

**环节三：制定"一五"计划**

教师活动：

1.中国工业的现状

实际上，中国的大规模经济建设，是在经济十分落后的基础上起步。

案例："万国牌武器展览会"

开国大典阅兵式中的受阅装备五花八门，后来有人将开国大典阅兵式比喻成"万国牌武器展览会"。空中受阅梯队一共是17架飞机，这些飞机几乎全是起义和缴获所得。

我国许多工业部门还未建立起来，缺乏必要的人才、经验和资料，这种情况下进行大规模经济建设其艰难可想而知。

2.编制"一五"计划

为准备进行有计划的经济建设，我国从1951年着手编制第一个五年计划。1955年7月，第一届全国人民代表大会第二次会议正式审议并通过。

3."一五"计划的基本任务

"一五"计划确定的经济建设指导方针，突出了集中主要力量发展重工业，建立国家工业化和国防现代化的初步基础的核心要点，同时要求相应地发展交通运输业、轻工业、农业和商业，相应地培养建设人才，保证国民经济中社会主义成分的比重稳步增长，保证在发展生产的基础上逐步提高人民的物质生活和文化生活的水平，等等。

"一五"计划在编制和实施过程中，较好地处理了我国经济建设中的几个重大关系。

学生活动：

1."学习通"分组讨论

讨论：为何"一五"计划突出了集中主要力量发展重工业？

解析：严峻的国际形势要求加快国防现代化的迫切需要；有苏联优先发展重工业和实现工业化的经验可资借鉴；中国工业基础极其薄弱。

2."学习通"选人

提问："计划"一词，何时变为"规划"的？

解析：从"十一五"时期开始，"计划"改为"规划"。

设计意图：运用各国工业对比图表以及案例"万国牌武器展览会"，让学生了解当时我国重工业基础薄弱。为了实现社会主义工业化，有计划地进行社会主义建设，制定了第一个五年计划。通过讨论，学生理解"一五"计划突出了集中主要力量发展重工业的原因，并进一步延伸从"一五"计划到"十四五"规划的蓝图。

**环节四：实施"一五"计划**

教师活动：1953年1月1日，开始执行国家制定的第一个五年计划。

1.工业建设战线喜报频传

我国"一五"时期苏联援助建设的156项重点工程，这些项目构成20世纪50年代中国工业建设的核心和骨干。

一场大规模经济建设在我国全面铺开，平均每天都有一个项目开工或者竣工。工业建设战线喜报频传，实现了许多项具有历史意义的零的突破。

2."一五"计划的意义

到1956年，"一五"计划的原定主要指标大都提前完成。到1957年底，"一五"计划的各项指标大都大幅度地超额完成了，为国家的工业化奠定了初步的坚实基础。

学生活动:

1."学习通"抢答

提问:"一五"计划期间,取得了哪些成就?

解析:中国第一个大型合金钢生产基地北满钢厂炼出了第一炉合金钢;长春第一汽车制造厂生产出第一辆汽车;第一块国产手表在天津诞生等。

2."学习通"抢答

提问:中国何时能改写不能制造飞机的历史呢?

解析:1954年沈阳飞机制造厂承担起了国产喷气式歼击机的研制任务,1956年7月中国第一架国产喷气式歼击机装配完成。此时,中国航空工业跨进喷气技术时代。

3."学习通"抢答

提问:进入新时代,我国取得哪些重大标志性创新成果?

解析:"蛟龙"入海、"嫦娥"探月、"北斗"组网;大飞机首飞,万米载人深潜器,5G网络全球规模最大……一大批重大标志性创新成果引领中国不断攀上新的高度。

设计意图:讲授工业建设战线喜报频传时,先讲苏联援助项目构成20世纪50年代中国工业建设的核心和骨干,接着以提问的形式,让学生了解"一五"计划取得的成就。提问中国何时能改写不能制造飞机的历史呢?这一问题与上一部分授课内容案例"万国牌武器展览会"相呼应,深刻理解中国航空工业如何跨进喷气技术时代。设计提问进入新时代,我国取得哪些重大标志性创新成果,这一问题与"一五"计划期间取得的成就相呼应,反映出我国用几十年时间走完了发达国家几百年走过的工业化历程,并取得突出成就。

**环节五:辽宁工人铸就劳模精神**

教师活动:

1.辽宁工业成就

为发挥辽宁工业基础的优势,中央将第一个五年计划的重点放在辽宁,苏联援助中国设计的156项重点工程有24项安排在辽宁建设，占总工程项目数的15%。

新中国第一枚国徽、第一架喷气式歼击机、第一艘导弹潜艇、第一艘万吨巨轮等1000多个"第一"都诞生在辽宁。

2.辽宁工人有力量

在这一个个工业奇迹的创造过程中，辽宁涌现出众多先进人物和劳动模范。

例如：

新中国最具影响的劳动模范：孟泰

全国劳动模范小组带头人：马恒昌

走在时间前面的人：王崇伦

新中国第一代女火车司机：田桂英

新中国第一枚金属国徽铸造者：焦百顺

……

作为共和国工业长子代表的辽宁，拥有众多先进人物和劳动模范，他们铸就的劳模精神，在辽宁大地深深扎根、薪火相传。

3.让劳模精神在新时代成风化人

"爱岗敬业、争创一流，艰苦奋斗、勇于创新，淡泊名利、甘于奉献"的"劳模精神"生动体现了以爱国主义为核心的民族精神和以改革创新为核心的时代精神，集中反映了中国劳动者的历史主动精神。

例如：

天安门前的美容师：蔡凤辉

高速动车组全科医生：罗昭强

焊接高铁的工人院士：李万君

六尺铣床前的良师巧匠：崔立刚

高压线上的探险家：王月鹏

……

他们用实际行动诠释了"劳动最光荣"的真理，展现了新时代劳动者的风采。

案例：2024年强国青年上两会|杨永修：培养大国工匠　助力汽车产业发展

一汽集团研发总院试制所加工中心高级技师杨永修听机床的声音、摸产品的平滑度，就能判断出机床的运行状态。他参与并完成2019年国庆阅兵红旗检阅车的国内首款自主研发的V12发动机，N701项目中试制新型门把手，红旗V8、V6、4GB、4GC发动机，6MT、DCT350变速箱等加工任务。

学生活动：

1."学习通"选人

提问：第几套2元人民币体现了辽宁是共和国工业奠基地呢？

解析：第三套2元纸币图案，它被称为车工二元纸币。正面的车床工人象征工业为主导，车床是沈阳市第一机床厂自行研制的我国第一台普通车床C620-1。背面的石油矿井象征发展能源工业。

2.翻转课堂:《钢铁意志》电影观后感

影片回顾鞍钢在解放初期恢复生产、支援抗美援朝前线和推动中国工业建设的光辉历史，并向第一代钢铁工人致敬。

设计意图：通过提问第几套2元人民币体现了辽宁是共和国工业奠基地，引申出辽宁工业基地的重要地位以及成就。辽宁涌现出众多先进人物和劳动模范，运用翻转课堂，让学生讲《钢铁意志》电影观后感，以回顾劳模的故事，并向第一代钢铁工人致敬。进入新时代，劳动模范展现了新时代劳动者的风采。运用案例"杨永修——培养大国工匠　助力汽车产业发展"，教育引导数控专业学生，在掌握专业知识、夯实学识功底基础上，努力成长为适应新时代发展要求的新型高素质人才。

**环节六：巩固练习**

教师活动：

1.从（　　）年开始，经济建设工作有计划地在全国展开。

A.1950　　　　　B.1951　　　　　C.1952　　　　　D.1953

答案：D

2."一五"计划确定的经济建设指导方针，突出了集中主要力量发展
（　　）。

A.轻工业　　　　B.重工业　　　　C.农业　　　　D.手工业

答案：B

3.（　　）被称为"走在时间前面的人"。

A.孟泰　　　B.马恒昌　　　C.王崇伦　　　D.田桂英

答案：C

4.作为时代青年，我们应该如何弘扬历久弥新的劳模精神，争做新时代
奋斗者？

学生活动：学生通过"学习通"作答练习题，进一步巩固本次课所学知
识点。

设计意图：通过本次课小结，带领学生回顾本次课的重难点内容，运用
练习题巩固知识点，以及布置思考题与拓展资料，充分提高学生自主学习能
力。

**环节七：课后**

教师活动：根据本次授课布置的思考题与阅读书目，针对学生问题答
疑。

学生活动：关于本次授课的内容，学生利用"学习通"与教师进行互
动。

设计意图：授课知识点的巩固、应用与提高过程。

**（二）课堂小结**

实现工业化，是近代中国仁人志士共同的追求和理想。"一五"计
划既借鉴了苏联的先进经验，也结合了中国的实际情况，不仅指导我国在
"一五"时期经济建设上取得了辉煌成就，更对我国后来经济计划以及经济
政策的制定，产生了不可低估的影响。"一五"计划期间，我国工业战线喜
报频传，久经考验的辽宁工人大力弘扬劳模精神，创造一个个工业奇迹。新
的历史起点上，青年学生肩负着新的使命任务，大力弘扬劳模精神，在实践
磨砺中努力成长为适应新时代发展要求、堪当民族复兴重任的时代新人。

## （三）板书设计

**劳模精神为新中国成立初期工业化建设蓝图添砖加瓦**
**——"一五"计划的制定和实施**

一、制定"一五"计划

（一）中国工业的现状

（二）编制"一五"计划

1951 年着手编制；1955 年审议通过

"边计划、边执行、边修正"

（三）"一五"计划的基本任务

集中主要力量发展重工业

二、实施"一五"计划

（一）工业建设战线喜报频传

1953 年开始执行

苏联援助的 156 项重点工程

零的突破

（二）"一五"计划的意义

1956 年："一五"计划原定主要指标大都提前完成

1949 年：开国大典受阅飞机几乎全是起义和缴获所得

1956 年：第一架国产喷气式歼击机

现今："枭龙"战斗机、C919 大型客机等

三、辽宁工人铸就劳模精神

（一）辽宁工业成就

"共和国工业的长子""共和国装备部"

1000 多个"第一"

（二）辽宁工人有力量

孟泰、马恒昌、王崇伦、田桂英等

（三）让劳模精神在新时代成风化人

劳模精神：爱岗敬业、争创一流，艰苦奋斗、勇于创新，淡泊名利、甘于奉献

## （四）作业设计

思考题：作为时代青年，我们应该如何弘扬历久弥新的劳模精神，争做新时代奋斗者？

结合授课相关内容布置思考题，学生结合本次课拓展相关知识点。

（五）参考资料

[1]中共中央党史研究室：《中国共产党历史》，中共党史出版社，2011年。

[2]中共中央党史研究室：《中国共产党的九十年》，中共党史出版社，2016年。

[3]人民日报出版社：《中国共产党人的精神谱系》，人民日报出版社，2023年。

[4]《高举中国特色社会主义伟大旗帜　为全面建设社会主义现代化国家而团结奋斗——在中国共产党第二十次全国代表大会上的报告》，中华人民共和国中央人民政府网，2022年10月16日。

[5]李玉赋：《新编中国工人运动史》，工人出版社，2020年。

[6]邓宏宝等：《未来产业工人工匠精神培育路径与策略研究》，人民出版社，2023年。

[7]姚荣启：《中国劳模史》，工人出版社，2020年。

[8]人民日报社总编室：《一辈子一件事——平凡英雄的追梦故事》，人民出版社，2023年。

[9]李文杰等：《"中国劳模"系列丛书》，吉林出版集团股份有限公司，2023年。

[10]《加快形成新质生产力》，https://search.cctv.com/ search.php?qtext=%E5%8A%A0%E5%BF%AB%E5%BD%A2%E6%88%90%E6%96%B0%E8%B4%A8%E7%94%9F%E4%BA%A7%E5%8A%9B&type=web.

## 八、教学总结与反思

本次课主要内容是"一五"计划，讲授制定"一五"计划、实施"一五"计划和辽宁工人铸就劳模精神三个方面内容。根据学生的学情，安排设计课前、课中和课后环节，巩固、应用与提高授课知识点。授课过程中，《老司机》歌曲视频作为新课导入，授课内容重难点突出，运用讲授法、讨论法、案例教学法、翻转课堂教学法等教学方法讲授本次课的教学重难点。灵活运动"学习通"的课堂活动功能，并选取与授课学生专业相关或感兴趣的两个案例，吸引学习兴趣。结合近期热点全国两会，引导数控专业学生弘扬劳模精神，在掌握专业知识、夯实学识功底基础上，努力成长为适应新时代发展要求的新型高素质人才。

本次授课还有如下需要改进之处：

首先，教案设计的内容过于饱满，虽然给学生留有参与教学互动的时间，但在实际授课过程中可能出现学生针对某一主题讨论时间过长的情况，应该在教案"预设"的同时设计"留白"，这样教学设计会呈现出宽松的、灵活的状态，并留给学生自由发挥的空间。

其次，本次课采用了翻转课堂的教学方法，但是应注意学生之间的知识结构具有差异，以后的授课中应根据不同学生进行具有针对性的翻转课堂，从而提高学生的学习积极性，并培养学生独立思考、分析问题和解决问题的能力。

最后，本次课要求学生课前预习，观看教学视频以及做相关的练习题。一部分学生没有参与课前预习的练习题，另一部分学生课前预习的练习题错误率较高。针对这两种情况，一是课前设置预习材料的内容需要抓住学生兴趣点，应提供形式多元的预习材料，不应局限于教学视频；二是设置难、中、易三类预习材料，让学生根据自身情况有选择地完成预习。

# 弘扬最强时代精神

锦州医科大学马克思主义学院　谷　飞

## 一、课程基本信息

**主讲课程：**思想道德与法治

**使用教材版本：**高等教育出版社（2023版）

**教材章节出处：**《思想道德与法治》第五章第二节第二框《发扬中国革命道德》

## 二、教学设计概述

道德教育历来是思政课堂的重要教育环节，中国革命道德又是这个重要环节的重要组成部分。

本节课我们的核心目标是通过革命历史事件和革命英雄事迹感染学生，并进行道德教育、弘扬时代精神，从而深化学生对中国革命道德和社会主义核心价值观的理解。首先，教学将从介绍中国革命的历史背景开始，解析革命过程中展现的主要道德品质，如牺牲精神、集体主义、忠诚、勤奋和自强不息等。通过讲述革命英雄和普通人在不同历史时期的感人事迹，让学生了解这些道德品质是如何在艰难困苦中孕育并得以传承的。尤其是辽宁省，作为中国近现代重要的革命活动基地之一，拥有丰富的红色资源和深厚的革命历史底蕴。把红色教育融入时代精神，旨在教育和引导大学生学习革命先辈的崇高精神和英雄事迹，继承和发扬光荣传统，在新的全球一体化时期用崭新的视角和革命的理念塑造自己的人生梦，并成功融入中国梦。

教学将着重于讨论这些革命道德品质与当代中国社会的联系，探讨如何将这些道德品质融入当代生活中，以及它们对于个人成长和社会发展的意义。例如，通过分析革命先辈面对困难时的坚持不懈和无私奉献，引导医科类学生思考在当前社会如何实践这些价值观，包括在学习、工作和社会交往中展现出的责任感和奉献精神。

此外，教学设计还将包括讨论和反思环节，鼓励学生分享自己的想法和理解，以及他们认为如何将这些道德品质应用到自己的生活中。通过小组讨论、案例分析和探究式角色表演等互动形式，增强学生的参与感和实践能力，使他们能够更深刻地理解和领悟中国革命道德教育的深远意义。

这一教学设计旨在通过探讨中国革命的历史和道德，引导学生深化对国家和民族的认同感，同时激发他们将革命精神融入个人发展和社会进步中的动力和责任感。通过这样的学习，学生不仅能够更好地理解中国革命的历史和道德价值，也能够将这些价值观内化为个人行动的指南，为构建更加和谐的社会贡献自己的力量。

## 三、学情分析

### （一）基础知识与技能的双重要求

医科类大学的大一新生在经过中学阶段的基础教育后，对道德与法治、思想政治等有了初步的理解，但面对医学教育的特殊要求，这种理论基础需要进一步深化和扩展。医学专业不仅要求学生具备扎实的生物医学知识，还要求他们了解和掌握与人的健康、生命伦理密切相关的社会科学知识。因此，思想政治理论课程需要更加注重如何将医学专业知识与社会主义核心价值观相结合，培养学生的全人教育。

### （二）学生特点及存在的问题

医科类大学的大一新生通常对未来充满憧憬和好奇，这一阶段的学生特征表现为思想活跃、求知欲望强烈，这为深化思想政治教育提供了积极的基础。他们的生理和心理发展日趋成熟，自我意识逐渐觉醒，开始对人生的各种问题进行更加深刻的思考。尤其是人生观问题，由于直接关系到个人成长和价值追求，因此成为他们关注的重点。然而，这一阶段学生的自主学习能力和理论实践能力相对较弱，他们更习惯于被动接受知识，缺乏对知识的深入探究和应用能力，这在一定程度上限制了他们理解和吸收思想政治理论的深度和广度。尤其是在理论与实践相结合方面的能力较弱。这些问题在医学教育中尤为凸显，因为医学专业不仅需要掌握大量的理论知识，更重要的是要能够将这些知识应用于临床实践。

### （三）解决对策

针对医科类大学大一新生的特点和存在问题，思想政治理论课程的教学策略需要做出相应的调整和优化。

首先，案例教学法在医学教育中尤为重要，可以选择与医学伦理、医患关系、公共卫生事件等相关的实际案例，引导学生进行深入分析和讨论，从而激发他们的学习兴趣，增强他们对理论知识的理解和应用能力。

其次，问题引导教学法可以通过提出与医学实践密切相关的问题，促使学生主动探索和思考，培养他们独立解决问题的能力。

最后，通过组织讨论、模拟医患对话等互动形式，加强学生的沟通能力和团队协作能力，为他们未来的职业生涯奠定良好的基础。

通过以上学情分析和对策，医科类大学的思想政治理论课程可以更好地满足大　新生的学习需求，不仅促进他们专业知识和技能的发展，还能够培养他们的医德医风、责任感以及应对未来职业挑战的综合能力，为成为合格的医学人才打下坚实的基础。

## 四、教学目标

### （一）知识目标

掌握：中国革命道德的基本内涵和主要内容，包括革命英雄的无私奉献、坚定信念、艰苦奋斗等精神。

熟悉：中国革命历史中的典型人物和重大事件，以及这些人物和事件如何体现革命道德的具体实践。

了解：中国革命道德与当代社会主义核心价值观之间的联系，以及它们在新时代中国特色社会主义建设中的现实意义，弘扬时代精神。

拓展：与中国革命道德相关的时代精神拓展，增进学生对不同时代背景下革命道德观念的认识和理解。

## （二）能力目标

提升学生逻辑思维能力：通过探讨如"革命英雄为什么能做到舍生忘死？""在当代，我们如何继承和发扬革命道德？"等问题，引导学生深入分析革命道德的内在逻辑和实践要求，培养学生的逻辑思维和批判性思维能力。

培养学生运用马克思主义立场、观点分析和解决问题的能力。利用互动教学讨论，使学生在理解中国革命道德的基础上，学会运用马克思主义的立场、观点来分析当代社会的道德问题和挑战，并寻找解决方案。通过课堂讨论和课后反思，增强学生的自学能力和实践能力，使其能够在现实生活中积极践行革命道德。

## （三）课程思政目标

培养大学生的社会责任感，弘扬时代精神在革命道德中的积极意义，通过对中国革命道德的学习，引导大学生深刻认识到革命先辈们面对国家和民族危难时所展现出的高度责任感和奉献精神，激发学生的爱国情怀和社会责任感。鼓励学生将个人发展与国家、民族的命运紧密联系起来，积极参与到社会主义现代化建设中，为实现中华民族伟大复兴的中国梦贡献自己的力量，成为新时代具有强烈社会责任感和历史使命感的青年。

# 五、教学重点难点

## （一）教学重点

中国革命道德的核心精神和实践要求。

重点问题解决方案：

1.引发思考：以革命时期典型英雄人物的事迹为引子，如雷锋的无私奉献、焦裕禄的艰苦奋斗等，激发学生对于革命道德精神的兴趣和思考。通过这些生动的例子，让学生理解革命道德不仅仅是历史概念，更是深刻影响着当代社会和每个人的行为准则。

2.案例分析：利用"红军长征"等历史事件，展示革命道德的实践要求和历史意义，设置问题和讨论环节，明确革命道德中的关键要素，如坚定信念、牺牲奉献、集体主义等。

3.理论讲授与实践结合：通过讲授革命道德与社会主义核心价值观的关系，指导学生如何将革命道德的精神实质融入自己的学习、生活和工作中，从而在新时代背景下继承和发扬革命道德。

（二）教学难点

革命道德在当代的实践与挑战。

难点问题解决方案：

1.理论与现实结合的讲授：通过分析当代社会中革命道德精神的传承与实践面临的挑战，如个人主义盛行、物质利益过度追求等，引导学生思考如何在现实生活中坚守和弘扬革命道德。

2.案例研究：选取近年来的正面典型，例如"脱贫攻坚"过程中的先进典范，分析这些案例如何体现了革命道德精神。通过案例讨论和学生自主研究，深化学生对革命道德在当代实践中的理解和认识。

3.讨论与反思：组织学生就革命道德在当代社会的实践途径和面临的挑战进行小组讨论，引导学生深入思考个人在继承和发扬革命道德过程中可以做出哪些具体行动。通过反思和交流，帮助学生找到将革命道德融入日常生活和学习中的有效方式。

## 六、教学设计总体思路

中国革命道德这一个教学点的教学总体思路设计旨在深入探讨和传承中国革命期间形成和发展的道德精神，将其融入当代学生的思想行为中，培养具有时代责任感和历史使命感的新时代青年。以下是教学总体思路的设计。

（一）教学目标明确化

知识目标：使学生掌握中国革命道德的基本内涵、核心价值和代表性人物事迹，理解其在中国革命历史中的重要作用。

能力目标：培养学生运用马克思主义立场、观点和方法分析和解决实际问题的能力，提升逻辑思维、批判性思维及解决问题的能力。

情感目标：激发学生的爱国情怀，增强学生的社会责任感和历史使命感，促进学生的个人成长与社会发展的统一。

## （二）教学内容的层次化

基础层次：介绍中国革命道德的形成背景，包括中国革命的历史条件、社会环境和人民群众的英勇斗争。

核心层次：深入分析中国革命道德的主要内容，如坚定的理想信念、无私奉献的精神、艰苦奋斗的作风等，并通过典型案例进行阐释。

拓展层次：探讨中国革命道德在当代社会的传承和实践，着重分析面临的挑战与机遇，引导学生思考如何在新时代条件下继承和发扬这些优良传统。

## （三）教学方法的多样化

案例教学：选取革命历史中的经典案例和现代社会中的实际案例，通过对比分析，让学生深刻理解革命道德的时代价值。

讨论互动：通过小组讨论、角色扮演等形式，激发学生的思考和表达，增强学生对革命道德精神的理解和认同。

实践体验：组织学生参与社会实践活动，如志愿服务、社区帮扶等，亲身体验和实践革命道德精神。

## （四）教学评价的全面化

过程评价：关注学生在学习过程中的参与度、讨论质量和思考深度，鼓励学生积极探索和主动学习。

结果评价：通过作业、报告或考试等形式，评价学生对中国革命道德知识的掌握程度和运用能力。

反馈评价：搜集学生的反馈意见，调整教学内容和方法，不断提升教学质量。

通过上述教学总体思路的设计，旨在全面、深入地向学生传授中国革命道德的精神实质，培养他们成为具备高尚品德、强烈社会责任感和历史使命感的新时代青年，为实现中华民族伟大复兴贡献力量。

# 七、教学过程

## （一）教学流程设计

### 环节一：教学导入

教师活动：

1.中国革命短视频导入。

2.视频结束后教师导入语：看完这个视频，我相信大家都会被深深地震撼到，这些革命英雄的精神深深感动着我们，我们在历史书上看到的寥寥几页，也许就是这些革命英雄浴血奋战的一生，那些寻求真理的保家卫国的烈士们永远都在用生命捍卫着我们的幸福。他们说：生逢乱世，即使生命如蝼蚁，我仍心向光明；他们说：革命者光明磊落、视死如归，只有站着死，绝不跪下；他们说：泱泱中华一撇一捺皆是脊梁；他们说：我追随的光，是五角星的星光。我想这就是中国革命道德最震撼心灵的力量吧，也是我们要发扬革命道德的原因。而我辈青年们也在建设着我们伟大的祖国，我想多年以后会有人站在伟人的墓碑前骄傲地说：这盛世，如你所愿。

学生活动：观看视频并做记录。

设计意图：用直观的画面撞击学生的心灵，使其直面战争的残酷，真正地感受五星红旗是用鲜血染红的。用战争带给人的视觉和听觉的震撼给学生打开爱国主义精神的思想圣地之门。

### 环节二：中国革命道德的形成与发展

教师活动：

1.通过视频导入，具体讲述名词。

2.PPT展示名词解释：中国革命道德。

3.展示习近平总书记在中共十八届六中全会第二次全体会议上的讲话：光荣传统不能丢，丢了就丢了魂；红色基因不能变，变了就变了质。

学生活动：

1.通过发表感受、互动提问充分去理解何为中国革命道德。

2.雨课堂弹幕发言：你心中那场酣畅淋漓的战役名称是什么？

设计意图：让学生发挥主观能动性去挖掘记忆中与中国革命有关的红色故事。让学生充分理解中国革命道德的内涵，激发学生的学习积极性。

**环节三：中国革命道德的主要内容**

教师活动：

1.为实现社会主义共产主义的理想信念而奋斗

通过对比手法，让学生们清晰地感受到三十年来中国的变化、社会主义制度带领我们走向更美好的生活。

对比一：零食的翻天覆地

对比二：城市的车水马龙

对比三：天堑变通途

联系实际弘扬时代精神即兴演讲（内容可能随着课程变化而变化）：我在很小的时候觉得社会主义也好，共产主义也好，都非常非常的遥远。对于小小的我来说，吃个好东西都已经是奢侈了。这个是我小时候最喜欢的甘草杏，这个是粘牙糖可能很多同学都没见过。除了这两样零食之外，我好像在小的时候没有接触过其他更好吃的东西。大家看一看，这是我很小的时候我们家乡那个城市最大的一条主干道。现在几乎已经见不到这样的路了。这是三十几年后它现在的样子。这是现在超市的样子。我从小到现在真正地见证了中国的发展，真正地见证了社会主义对中国的重要性。中国被称为基建狂魔，他真的可以让天堑变通途。出租车司机在重庆的高架桥上也会迷路，中国高铁重新定义了我们的特种兵式旅行。所以现在的我坚信社会主义，坚信社会主义的发展会为我们带来更加美好的生活。现在的我也坚信共产主义一定会实现。因为随着人工智能的发展，随着科技的不断创新，我们正在一步一步地迈入更辉煌的时代。

2.全心全意为人民服务

通过PPT展示新中国建设时期的英雄人物，体现时代精神的延续。

3.始终把革命利益放在首位

当代医学生践行"始终把革命利益放在首位"的精神，意味着要将人民健康和生命安全作为工作和学习的最高准则，以此指导自己的专业学习、实践活动和未来的医疗工作。

4.树立社会新风，建立新型人际关系

对于医科类大学生而言，树立社会新风和建立新型人际关系尤为重要，不仅因为你们未来将承担起保护和促进人类健康的重任，而且在医患关系日益紧张的今天，医学生的行为和态度可以成为改善这一关系的关键。

5.修身自律，保持节操

医学生作为未来的医疗卫生工作者，不仅需要掌握扎实的专业知识和技能，还需要具备高尚的职业道德和良好的个人品质。修身自律、保持节操是医学生职业道德教育的重要组成部分，对于弘扬时代精神、树立良好的医德医风、建立和谐的医患关系具有重要意义。

**环节四：与时代精神相结合的医学生特有的革命道德使命**

教师活动：

1.树立正确的价值观和职业观

明确目标和使命：深刻理解医学职业的社会责任和使命，将服务人民健康作为自己的职业目标。

学习医德典范：通过学习医学伦理和医学史上的典型人物，如华佗、孙思邈等，以他们为榜样，内化为自己的行为准则。

2.培养良好的学习习惯和生活态度

自律学习：制订合理的学习计划，坚持每日学习，不断提高自己的专业水平和临床技能。

健康生活：注重生活规律，保证充足的睡眠，合理饮食，适量运动，保持良好的身体和心理状态。

3.加强医学伦理教育

深入学习医学伦理：系统学习医学伦理知识，了解医疗实践中的伦理问题和解决办法，提升道德判断和伦理决策能力。

参与伦理讨论：积极参与医学伦理案例讨论，通过分析具体案例，锻炼道德思维和伦理分析能力。

4.练就过硬本领，提高专业技能

专业知识学习：不断更新医学知识，跟踪最新的医学研究成果和治疗技术，提高临床诊断和治疗能力。

实践技能培养：通过实验室操作和临床实习，提高自己的实践操作能力和临床思维能力。

5.参与社会实践，服务社区

志愿服务：积极参加志愿服务活动，如健康教育、义诊服务等，将所学知识应用于实践，服务于社会。

关注公共卫生：参与公共卫生活动和疫情防控工作，贡献自己的力量，提升社会责任感。

6.持续反思与自我提升

反思实践经验：定期对自己的学习和实践经历进行反思，识别不足，制定改进措施。

终身学习：树立终身学习的理念，持续更新自我，适应医疗卫生领域的发展变化。

学生活动：

1.小组互动：分小组各自讲述从小到大自己身边显著的变化，从各个角度体会社会的进步、文明的繁荣，以及社会主义制度带给中国的飞速发展。

2.雨课堂汇报展示：提前让学生在雨课堂提交自己身边的英雄事例报告，并在此环节展示，相互学习。

设计意图：从生活最真实的一面出发，让学生了解社会变化以及中国革命道德融入现实生活中带给我们的激励和社会的进步。

**环节五：中国革命道德的当代价值**

教师活动：

1.有利于加强和巩固社会主义和共产主义的理想信念

2014年，我国正式设立烈士纪念日，以缅怀英烈的丰功伟绩，激励人们传承红色基因。

习近平总书记在辽宁考察时强调，红色江山来之不易，守好江山责任重大。要讲好党的故事、革命的故事、英雄的故事，把红色基因传承下去，确保红色江山后继有人、代代相传。

PPT展示：瞿秋白、瞿独伊等革命烈士的事迹是中国共产党和中国人民不畏艰难、勇于斗争的历史缩影。他们坚定的理想信念、无私的奉献精神和英勇的斗争行为，是弘扬革命精神的重要载体，对激励当代人特别是青年一代继续奋斗、为实现中华民族伟大复兴的中国梦贡献力量具有重要作用。

2.有利于培育和践行社会主义核心价值观

习近平总书记在北京市海淀区民族小学主持召开座谈会时指出，我们倡导的富强、民主、文明、和谐；自由、平等、公正、法治；爱国、敬业、诚信、友善的社会主义核心价值观，体现了古圣先贤的思想，体现了仁人志士的夙愿，体现了革命先烈的理想，也寄托着各族人民对美好生活的向往。

3.有利于引导人们树立正确的道德观

从驼背救星梁益建到燃灯校长张桂梅，他们具象化了对人民有用、对社会有用这个信仰，体现了中国革命道德的传承和发展。

发扬光大革命道德，能够引导人们正确对待个人利益和社会整体利益、国家利益的关系，能够帮助人们在深刻把握历史、认识社会、审视人生的基础上，以昂扬姿态开启全面建设社会主义现代化国家的新征程。

4.有利于培育良好的社会道德风尚

放映短片《这盛世如你所愿》。在这盛世的辉煌下，如你所愿，中国的土地上洋溢着革命的精神和新时代的光辉。岁月如歌，它讲述着那些为了理想和信念不惜牺牲一切的英雄们，瞿秋白般的智者，用他们坚定的信念铸就了民族的脊梁。在革命的火种中，燃烧着对自由和平等的渴望，他们以血肉之躯筑成了抗争的长城，让今天的和平不再是遥不可及的梦想。

如今，中国不仅在物质上取得了翻天覆地的变化，更在精神上实现了伟大飞跃。我们信仰的力量，源自每一位先辈的坚韧不拔，他们的精神如同灯塔，照亮我们前行的道路。这盛世如你所愿，是革命理想的实现，是新时代中国人民的共同奋斗。

学生活动：讨论在当代如何实践革命道德，比如坚持理想信念，面对困难不退缩；无私奉献，关心集体利益；艰苦奋斗，勇于创新突破；忠诚于人民，密切联系群众。

设计意图：让学生在感动的同时深深理解道德的内涵与当代价值。

## （二）课堂小结

在今天的课堂上，我们一起探讨了中国革命道德这一宝贵的精神财富，它不仅是过去斗争岁月的历史总结，更是指引我们前进的道德灯塔。通过本次课程的学习，我们深入了解了中国革命道德的核心要素，包括坚定的理想信念、无私的奉献精神、艰苦奋斗的作风、忠诚于人民的服务态度等。

我们回顾了革命历史中的英雄人物和感人事迹，即使在极其艰苦的条件下，他们仍然坚持信念，不惜牺牲个人的一切，为了人民的利益和国家的解放事业奋斗终生。这些故事不仅让我们感受到了革命先辈们的伟大，也深刻启发我们思考在当代如何继承和发扬这种精神。

通过本课的学习，我们认识到，革命道德的传承不仅仅是对历史的记忆，更是一种对未来的责任。在新的时代背景下，虽然我们面临的挑战与先辈们不同，但保持和发扬革命道德精神，依然是我们每个人的使命。这要求我们在学习、工作和生活中，能够坚守道德原则，以实际行动服务人民，贡献社会。

我们还讨论了在当代如何实践革命道德，比如坚持理想信念，面对困难不退缩；无私奉献，关心集体利益；艰苦奋斗，勇于创新突破；忠诚于人民，密切联系群众。这些都是我们作为新时代的青年应当学习和实践的重要内容。

最后，让我们铭记，革命道德不仅是历史的回声，更是激励我们奋进的力量。作为新时代的青年，我们要继承和发扬革命道德，用实际行动投身于国家的建设和发展中，为实现中华民族伟大复兴的中国梦贡献自己的力量。

今天的课程到此结束，希望大家能够深刻反思并将所学知识应用到实际生活和学习中，让革命道德的种子在我们心中生根发芽，开花结果。

## （三）板书设计

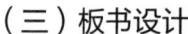

### 发扬中国革命道德

**中国革命道德的形成与发展**

萌芽：五四运动前后
发端：工人运动、农民运动
发扬光大：长期发展

**中国革命道德的主要内容**

1. 为实现社会主义和共产主义的理想而奋斗
2. 全心全意为人民服务
3. 始终把革命利益放在首位
4. 树立社会新风、建立新型人际关系
5. 修身自律、保持节操

**弘扬时代精神**

将中国革命道德与弘扬
时代精神紧密结合

**中国革命道德的当代价值**

1. 有利于加强和巩固社会主义和共产主义的理想信念
2. 有利于培育和践行社会主义核心价值观
3. 有利于引导人们树立正确的道德观
4. 有利于培育良好的社会道德风尚

## （四）作业设计

1.给自己定好假期目标：走红色印记，做红色事迹传承人，写红色事迹报告。

2.准备历史剧，在元旦晚会等场合进行宣讲式演出。

## （五）参考资料

《〈思想道德修养与法律基础〉辅导用书》，高等教育出版社，2020年。

# 八、教学总结与反思

## （一）教学内容选择与课堂效果反思

历史事实与道德教育的结合：如何平衡历史事件的陈述和道德教育的目标，是课堂教学中的一个重要问题。教师需要精心选择能够体现革命精神和道德价值的故事和案例，使学生既能了解历史事实，又能从中吸取道德教育的养分。

多角度、多维度的探讨：教学中应鼓励学生从不同的角度和维度去理解革命道德，包括其在不同历史时期的表现形式、在当代社会的意义，以及面对现实挑战时的应用等。

## （二）教学方法的反思

互动式学习：通过小组讨论、角色扮演、辩论等互动形式，激发学生的学习兴趣，增强他们对革命道德价值的理解和认同。

批判性思维的培养：教育过程中应鼓励学生批判性地分析革命道德的内容和应用，培养他们独立思考的能力，避免盲目接受和简单化理解。

情感教育的融入：通过故事讲述、电影观看等方式，触动学生的情感，使他们能够从情感上认同和理解革命道德的深刻含义。

## （三）学生反应的观察与分析

学生反馈的重要性：定期收集学生的反馈，了解他们对课堂内容的理解、感受和建议，可以帮助教师调整教学策略，以便更好地满足学生的学习需求。

思想多样性的尊重：面对学生对革命道德的不同理解，教师应该保持开放的心态，尊重学生的思想多样性，引导他们建立基于理性和批判性思维的观点。

## （四）教育目标的实现与调整

培养综合素养：革命道德教育的目标不仅仅是传授知识，更重要的是培养学生的道德判断力、社会责任感以及应对复杂社会问题的能力。

持续的教学改进：教师需要根据教学实践和学生反馈，不断地调整和优化教学内容、方法和目标，以实现更有效的教学效果。

课堂教学反思是一个持续的过程，要求教师不断学习和适应，创新教学方法，同时也需要学生积极参与和反馈。通过这样的反思和实践，可以更好地传承革命文化和道德价值，培养有责任感、有道德观念的现代公民。

# 融合中国精神　塑造时代价值

沈阳师范大学　华晓芳

## 一、课程基本信息

**主讲课程**：思想道德与法治

**使用教材版本**：高等教育出版社（2023版）

**教材章节出处**：《思想道德与法治》第三章第一节第四框《实现中国梦必须弘扬中国精神》

## 二、教学设计概述

### （一）设计思路

通过案例、视频、图片等素材形式深入讲解中国精神与时代精神的内涵、特点和重要意义，并与大学生个体的成长成才、历史使命有机结合起来，让学生充分理解民族精神和时代精神的内涵，形成对中国精神的整体认知，帮助学生构建正确的国家观，并倡导学生在行动中弘扬中国精神、践行改革创新的具体理念。

### （二）理论依据

以最新版的思政课标和大纲为指导，结合教育学、心理学等相关理论，强调知识与实践的结合，培养学生的思维能力和创新精神。

### （三）设计特色

1.突出时代性：紧密结合当前社会发展实际，引导学生关注时事热点，使教学内容具有鲜明的时代特征。

2.强调实践性：通过案例分析、小组讨论等活动，让学生在实践中感受和理解中国精神与时代精神。

3.注重主体性：充分发挥学生的主体作用，鼓励学生积极参与课堂讨论和实践活动。

4.体现多元性：引入多种教学资源，如多媒体、网络等，丰富教学形式和内容。

## 三、学情分析

大学生的思想比较开放和多元化，他们对新事物和新观念接受能力强，愿意接受不同的观点和想法，但知识储备能力水平因个体差异而有所不同。一般来说，大学生经过多年的学习和积累，已经掌握了一定的基础知识和专业技能。

对于本课所学内容，学生因个人的兴趣、学习态度和教学质量等因素而有所差异。有些学生可能对中国精神、时代精神内容感兴趣，并积极参与课堂讨论和学习，而有些学生可能对这门课程不太感兴趣或者觉得难以理解。

## 四、教学目标

1.使学生了解并认同中国特色社会主义制度，增强对国家的认同感和归属感。培养学生对党的领导的坚定信念，理解党的方针政策。引导学生关注国内外政治事件，形成正确的政治观点和价值判断。

2.培养学生的批判性思维，使其能够客观分析各种政治观点和社会现象。鼓励学生探索和运用科学的研究方法，解决实际问题。引导学生尊重事实、理性思考，养成严谨的求知态度。

3.提高学生的合作能力和沟通能力，使其学会与他人合作解决问题。引导学生关注社会热点问题，积极发表自己的观点和建议。

## 五、教学重点难点

### （一）教学重点

理解中国精神和时代精神的内涵与核心要义。

掌握中国精神和时代精神的具体表现形式。

了解中国精神和时代精神对个人和社会的重要意义。

收获传承和弘扬中国精神和时代精神的意识。

## （二）教学难点

引导学生将中国精神和时代精神与实际生活相结合，形成自觉的行动。

帮助学生理解中国精神和时代精神在不同历史时期的发展与变化。

让学生在多元文化背景下，坚定对中国精神和时代精神的认同与传承。

# 六、教学设计总体思路

## （一）引入话题

通过展示与中国精神和时代精神相关的图片、视频或案例，如播放《守岛人》，引起学生的兴趣，激发他们对这一主题的思考。

## （二）知识讲解

介绍中国精神和时代精神的内涵、特点和重要意义，帮助学生理解其核心概念和价值。

## （三）案例分析

选取具有代表性的案例，如杰出人物、先进事迹等，引导学生分析其中所体现的中国精神和时代精神，并探讨其对个人和社会的影响。

## （四）小组讨论

组织学生进行小组讨论，让他们分享自己对中国精神和时代精神的理解，并结合实际生活讨论如何在日常生活中践行这些精神。

## （五）实践活动

设计一些实践活动，如志愿者服务、社会调查等，让学生在实践中体验和弘扬中国精神和时代精神。

## （六）总结反思

引导学生对所学内容进行总结，反思自己在学习过程中的收获和不足，鼓励他们在今后的生活中继续传承和弘扬中国精神和时代精神。

# 七、教学过程

## （一）教学流程设计

### 环节一：播放《守岛人》精彩片段

教师活动：

1.播放电影《守岛人》中王继才夫妇守岛生涯的经典片段和闪光瞬间。

2.请同学们回答问题，并引出本课主题——中国精神。再次提出问题，中华民族有着源远流长的爱国主义传统，在新的历史条件下，作为一个中国人，我们应该传承什么样的国家精神？

学生活动：

1.观看片段，思考问题：为什么开山岛上的五星红旗每天升起又降下，降下又升起，32年来从未间断？为什么即使在王继才去世后，他的妻子王仕花仍然坚持着这一传统，让五星红旗永远在岛上飘扬？

2.在老师的指引下翻开书本查阅中国精神的内涵。就教师提出的问题进行小组讨论。

设计意图：以影片《守岛人》精彩片段为开头——选取王继才夫妇守岛生涯的经典片段和闪光瞬间，从不同侧面展现了王继才夫妇丰富的内心世界和"守岛就是守国"的家国情怀。在海岛上，国旗的存在是一种爱国的体现，它代表着一个国家的主权和尊严。这部电影不仅还原了王继才夫妇32年与恶劣自然环境顽强抗争的经历，更将主人公爱国奉献的价值追求贯穿影片始终，对于各行各业坚守平凡、创造非凡的人们，都深具心灵观照和精神滋养，同学们深受震撼的同时体味中国精神。

### 环节二：案例分析——民族品牌娃哈哈

教师活动：

1.拿出营养快线、AD钙奶，请同学们猜猜是哪个品牌旗下的产品。

2.介绍娃哈哈创始人——宗庆后。他不仅是中国饮料行业的翘楚，更是一位备受尊敬和仰慕的民族企业家，是中国民族企业发展的典范之一。

在他的领导下，娃哈哈一直秉持着"国产优先"的原则，在产品开发和生产过程中，大力支持国内供应商和制造商，并且坚持使用国内原材料，为中国的农业和工业发展做出贡献。在包装设计和广告宣传中融入了大量的中国元素，传递着对中国传统文化的尊重和传承。积极参与社会公益事业，通过捐赠资金和物资来帮助需要帮助的人群。

宗庆后之所以能够成为商界的传奇，其中最为关键的一点在于他低调谦逊和坚韧不拔的创业精神。尽管身居高位，宗庆后却从不张扬，始终保持着平易近人的态度。他常常说"做人要谦虚，做事要坚持"，这种谦逊与坚持的品质贯穿他的一生，成为他成功的基石。他认为优秀的团队是企业成功的关键，因此一直致力于打造一支充满激情和创造力的团队。他鼓励员工勇于尝试，鼓励创新思维，使得娃哈哈集团始终保持着年轻活力和创新精神。

3.从中你学到了什么是民族精神、时代精神，二者之间是什么关系？

4.如何做改革创新生力军？

学生活动：参与答题，进行小组讨论，了解娃哈哈创始人的事迹，体会以爱国主义为核心的民族精神和以改革创新为核心的时代精神。参与课堂互动，踊跃发言。

设计意图：以民族品牌为切入点，以小见大，让学生从创业故事中学习民族精神、时代精神。通过小组讨论解决本课难点——民族精神与时代精神的辩证统一。进行课堂互动，学生从中树立改革创新的自觉意识，增强改革创新的能力本领。

（二）课堂小结

同学们，通过今天的学习，我们深入探讨了中国精神与时代精神的内涵和重要意义。

我们了解到中国精神包括伟大创造精神、伟大奋斗精神、伟大团结精神、伟大梦想精神，这些精神是中华民族在长期的历史发展中形成的宝贵财富。

时代精神则体现了当代中国社会发展的潮流和方向，包括改革创新精神、开放包容精神、科学理性精神等。

在学习过程中，我们通过案例分析、小组讨论等方式，深入理解了中国精神与时代精神的具体表现和实践价值。

我们还认识到，弘扬中国精神与时代精神对于个人成长和社会发展都具有重要意义。

在今后的生活和工作中，我们要积极传承和践行中国精神与时代精神，努力为实现中华民族伟大复兴的中国梦贡献自己的力量。

希望同学们能够将今天所学的知识内化于心、外化于行，成为具有高尚精神追求的新时代青年。

（三）板书设计

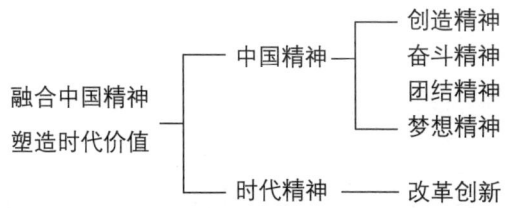

（四）作业设计

1.中国精神的主要内容是什么？如何弘扬中国精神？

2.新时代爱国主义有哪些基本要求，如何做一个忠诚的爱国者？

3.结合自身实际，谈谈大学生应如何真正成为改革创新的生力军？

（五）参考资料

[1]季羡林：《中国精神·中国人》，国际文化出版公司，2013年。

[2]柏杨：《中国人史纲》，人民文学出版社，2011年。

[3]习近平：《习近平谈治国理政.第二卷》，外文出版社，2017年。

# 八、教学总结与反思

## （一）教学目标

教学目标达成，学生掌握了所学的知识和技能，在情感、态度和价值观等方面得到了培养。

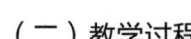

## （二）教学过程

教学方法和策略有效，教学内容的组织和呈现合理，课堂氛围活跃，学生的参与度高。

## （三）学生表现

学生的学习情况良好，学习兴趣高、学习方法多样、学习效果显著。

## （四）成功经验

使用有效的教学方法、生动的案例，可以在今后的教学中继续沿用和发扬。

## （五）不足之处

教学内容难度过大，理论性强。

## （六）改进措施

了解学情，调整教学计划，改进教学方法，加强与学生的沟通。

## （七）持续学习提升

不断学习新的教育理念和教学方法，参加培训和研讨活动，提高自己的教学水平和专业素养。

# 扬精神之力　育时代匠心

辽宁省交通高等专科学校　宋艳冰

## 一、课程基本信息

主讲课程：思想道德与法治

使用教材版本：高等教育出版社（2023版）

教材章节出处：《思想道德与法治》第三章第一节第四框《实现中国梦必须弘扬中国精神》

## 二、教学设计概述

根据《思想道德与法治》教材主要内容，按照新版《思想道德与法治》课程标准和《思想道德与法治》教学大纲的基本要求，针对大一理工类专业高职学生学习特点，开展探究式教学方法进行授课。教学过程中引用经典人物的感人事迹进行讲述，启发学生对于工匠精神的深刻领悟。大一学生对新鲜事物更感兴趣，更加关注社会热点问题，思维较为活跃，所以要抓住学生的兴趣点，积极调动学生的主观能动性，筑牢理论之基；同时，在授课过程中积极引导学生进行合作探究，让学生在实践中感悟改革创新的真谛，将工匠精神融入教学课程内容，夯实精神之力，引导学生积极投身国家技术创新浪潮，为我国科技发展贡献自己的青春力量。

本课主要阐述改革创新是当代中国最突出、最鲜明的特点。大学生富有想象力和创造力，应是常为新、敢创造的，理当锐意创新创造，不等待、不观望、不懈怠，勇做改革创新的生力军。本讲在内容上偏重理论分析，且较为抽象，若教师在讲授过程中只注重学理分析，学生便难以理解和掌握本讲知识内容。因此，在教学设计中巧妙利用自主探究、案例分析、头脑风暴、主题研讨等形式，培养学生的创新意识，形成情感共鸣。

针对本课教学难点内容，让学生结合工匠精神实质，从自身专业出发，通过分享自己拍摄的微视频，进一步提炼总结时代精神的内涵。让学生明白，改革创新是当代中国最突出的特色，以改革创新为核心的时代精神，是马克思主义与时俱进的理论品格、中华民族开拓进取的思想品格与改革开放和现代化建设实践相结合的伟大成果，已经深深融入我国经济、政治、文化、社会和生态建设的各个方面，成为实现中华民族伟大复兴的力量源泉。从《大国工匠》视频案例出发，思考分析自己专业应该具备的工匠精神是什么，如何在学习工作中自觉培养工匠精神。在日常生活和工作中能够应用所学知识积极实践，成为技术技能人才、能工巧匠、大国工匠。

## 三、学情分析

### （一）学生基本情况

授课对象为高职大一新生。因高职学校生源结构多元化，学生文化水平参差不齐，理论基础和学习习惯略显不佳，但对于新鲜事物和热点问题关注度较高。虽然学生在上一节内容的学习过程中已经对时代精神有了初步了解，但对弘扬以改革创新为核心的时代精神的重要意义以及如何做改革创新的生力军等内容缺乏明确的认知，需要教师着重加以阐释引导。此外，高职学生习惯在案例教学中获取相关知识内容，因此，多找适合本课的教学案例，有助于教学目标的实现。

### （二）学习问题预判

学生对于在实现中华民族伟大复兴的中国梦过程中，如何顺应时代提升个人未来发展及自身能力的问题比较关注，对于职业发展和就业问题尤其关心，对于纯理论知识讲授存在一定的抵触情绪。基于此，在充分调动学生的积极性和主动性上要多下功夫，提高学生课堂的参与度，培养学生独立思考和分析问题的能力，让学生从被动回答问题变为主动提出问题、分析问题、解决问题。

## 四、教学目标

### （一）知识目标

1.深刻理解改革创新的时代要求和重要意义，能够认识到弘扬时代精神对于个人、集体和国家的重要性。

2.能够准确表达出时代精神的科学内涵，认识时代精神的强大支撑力量。

3.深刻领悟走在改革创新时代前列的历史使命和新要求。

### （二）能力目标

1.通过课前自主探究、微视频拍摄等形式提高学生的资料分析与整合能力、思辨能力。

2.通过合作探究，提高学生的沟通能力和团队协作能力，培养学生的领导力和团队合作精神，为将来在各行各业中发挥重要作用做好准备。

3.培养学生分析解决问题的能力，增强创新创造的能力和本领，做改革创新生力军。

### （三）素质目标

1.增加学生对时代精神的认同，在实际学习工作中传承时代精神，勇担时代使命。

2.结合自身实际，也就是从自身专业（道桥检测专业）出发，结合时代精神，尤其是职业教育中最为重要的工匠精神，进一步提炼总结时代精神的内涵。

3.弘扬时代精神，培养社会责任感和历史使命感，以时代使命为己任，把握时代脉搏，迎接时代挑战，成为能堪民族大任的大国工匠、能工巧匠，勇做新时代改革创新的生力军。

## 五、教学重点难点

### （一）教学重点

1.深刻理解改革创新的时代要求和重要意义，能够认识到弘扬时代精神对于个人、集体和国家的重要性。

2.理解改革创新是新时代的迫切要求。

3.掌握当代大学生应该如何做改革创新的生力军。

## （二）教学难点

1.时代精神的主要体现和改革创新的重要意义。

2.怎样成为改革创新生力军。

3.结合自身实际，也就是从自身专业（道桥检测专业）出发，结合时代精神，尤其是职业教育中最为重要的工匠精神，进一步提炼总结时代精神的内涵。

4.弘扬时代精神，培养社会责任感和历史使命感，以时代使命为己任，把握时代脉搏，迎接时代挑战，成为能堪民族大任的大国工匠、能工巧匠，勇做新时代改革创新的生力军。

# 六、教学设计总体思路

## （一）课前任务驱动

让学生提前预习教学内容并布置课前作业，将班级同学分为小组，围绕"我国航天科技领域的辉煌成就"相关内容，拍摄微视频，探精神之源。

## （二）课中深入挖掘

"导"，课前微视频导入，激发学生学习兴趣。

"思"，进行头脑风暴思考时代精神内涵，增加学生的参与度。

"探"，围绕案例深入探究时代精神，增强学生的价值认同感。

"学"，构建思维导图学习时代精神，增强学生认知。

"践"，结合专业践行工匠精神，提升学生获得感和专业认同感。

"悟"，树立榜样人物，弘扬工匠精神，感悟精神实质。

## （三）课后总结提升

以"扬精神之力，育时代匠心"为主题，通过收集相关文献资料，形成3000字左右的研学报告。

# 七、教学过程

## （一）教学流程设计

### 环节一：课前任务驱动

教师活动：发布教学任务：围绕"我国航天科技领域的辉煌成就"这一主题，以小组为单位拍摄或剪辑微视频，要求视频时长严格控制在3分钟以内。

学生活动：

1.以小组为单位，围绕"我国航天科技领域的辉煌成就"的相关内容，拍摄微视频。

2.小组进行投票选出最好的作品进行课堂展示。

3.探究时代精神在哪里，通过学习通软件进行展示，投票选出最佳创意作品。

设计意图：教师设计参与度较高的课前活动，让所有同学都能参与其中，了解教学内容。学生通过收集资料制作视频，在无形之中对时代精神有了一定的了解，在课堂教学过程中能够收到更好的教学效果。

### 环节二：课中深入挖掘

教师活动：

1.课堂"导"入：4月24日是第八个"中国航天日"，回望世界与中华文明史，从石申观星到加加林进入太空，再到21世纪"祝融"探火、"羲和"逐日，人类对未知世界的求索从未停止。结合目前我国在航天科技领域所取得的辉煌成就，思考改革创新何以成为时代精神的核心。

2.根据课前学生投票结果，展示获得最高票数小组的视频作业进行展示。简要点评，并引出以改革创新为核心的时代精神的重要性，导入新课讲授。

学生活动：微视频展示我国航天科技领域的辉煌成就，最佳小组成员派学生代表分享课前收集录制的时代精神微视频。

设计意图：让学生能够参与到课堂之中，实现"双导向"，引导学生树立民族自豪感和创新意识，争做改革创新的生力军。

教师活动：

1.运用"学习通"讨论功能发布主题讨论——变革和开放的重要意义，并形成词云，同步为学生进行展示，使学生对时代精神形成初步认知。

2.运用"北魏孝文帝改革"这一历史实例，讲述变革和开放是中华文明绵延至今的精神密码。

学生活动：

1.围绕"变革和开放的重要意义"，展开思考。

2.在"学习通"进行讨论回答。

设计意图：最大程度激发学生的积极性，让学生自由发表观点，通过词云展示功能将主观思考成果进一步具象化表达；让课堂氛围更加活跃，学生对课程内容印象更加深刻；进而帮助学生理解领会变革和开放的重要性。

教师活动：

1.播放视频《改革开放关键一招》（节选），并布置小组讨论任务。

2.运用小岗村发展历程阐释改革开放的重要意义。

3.组织学生进行小组合作探究，进行案例总结。

学生活动：

1.小组合作探究：结合改革开放、中国脱贫攻坚的成功实践，思考为什么说改革开放是决定中国命运的关键抉择。

2.展示探究结果：改革开放创造的奇迹不是天上掉下来的，而是来自中国共产党和中国人民的理论创新、实践创新、制度创新、文化创新以及各方面的创新。改革开放是当代中国最鲜明的特色，是党和人民大踏步赶上时代的重要法宝，是坚持和发展中国特色社会主义的必由之路，是决定当代中国命运的关键一招，也是决定实现"两个一百年"奋斗目标、实现中华民族伟大复兴的关键一招。

设计意图：学生通过案例分析、小组合作探究、观看视频提升自主分析能力，加强对知识点的掌握。帮助学生领会改革开放的意义，理解改革开放是决定当代中国命运的关键一招。

教师活动：

1.运用浦东新区案例进行讲解，引导学生思考改革开放的重要作用。

2.指导学生绘制思维导图，让学生在绘制过程中加深对时代精神的理解与掌握，学懂弄通时代精神的内涵与实质。

学生活动：

1.分组讨论：为什么说创新是改革开放的生命？改革开放的重要作用和伟大意义。

2.展示讨论结果：习近平总书记指出，改革开放40年的实践启示我们，创新是改革开放的生命。一部改革开放的历史就是一部中国社会创新的历史。改革开放以创新为魂、伴创新而生、因创新而盛、靠创新而强。中国共产党人和中国人民以伟大的创造精神拼搏奋斗、变革创新，不仅谱写出彪炳史册的壮丽画卷，开辟出正大光明的人间正道，更擘画出充满希望的复兴愿景，让改革开放生机勃勃，让改革开放正气浩然，让改革开放行稳致远。

设计意图：帮助学生领会改革开放的伟大意义，自觉做改革创新的生力军。

教师活动：

1.借用习近平总书记用过的典故"周虽旧邦，其命维新"作为论题，组织学生带着问题观看视频，分组讨论。

2.以我国研制成功国际上首颗科学实验卫星"墨子号"为案例，分析党的十八大以来我国在自主创新科技方面取得的巨大成就，以此说明创新能力在国际竞争中的重要性。

3.以第七届中国国际"互联网+"大学生创新创业大赛亚军为国产无人机研制强劲"中国心"为案例，结合本校在"互联网+"大学生创新创业大赛中取得的荣誉进行扩展，鼓励学生积极投身改革创新之中，激发学生的创新精神。

学生活动：

1.分组讨论："周虽旧邦，其命维新"这句话的含义，并探究为什么改革创新是新时代的迫切要求？

2.展示讨论结论：①创新是推动人类社会发展的重要力量；②创新能力是当今国际竞争新优势的集中体现；③改革创新是赢得未来的必然要求。

设计意图：帮助学生理解改革创新的必要性，理性分析我国目前在创新发展中存在的瓶颈问题，立志成为创新型人才，为人才强国做出贡献。

教师活动：

1.播放《大国工匠》纪录片选集。

2.给学生讲解工匠精神是什么。

3.让学生通过视频再一次去深入了解工匠精神的具体内涵，加深对工匠精神的理解与掌握，激发实际行动。

学生活动：

1.观看《大国工匠》纪录片选集，思考什么是工匠精神，青年学生如何践行工匠精神，成为一名具有创新意识和创新能力的技术技能人才、能工巧匠、大国工匠。

2.展示思考结论：树立改革创新的自觉意识要求做到：①增强改革创新的责任感；②树立敢于突破陈规的意识；③树立大胆探索未知领域的信心。

设计意图：结合学生专业，通过讲好时代精神故事，引导学生在榜样人物事迹的感召下，自觉树立创新意识，认真在学习工作中践行工匠精神。

教师活动：

1.选取《大国工匠》纪录片中关于技校出身的大国工匠洪家光的鲜活实例，进一步说明青年学生大有可为，引发学生情感共鸣。

2.组织学生分组讨论创新思维和工匠精神的重要性，让学生讨论自己今后的努力方向。

学生活动：感悟精神实质，增强改革创新的能力本领：①夯实创新基础；②培养创新思维；③投身改革创新实践。

设计意图：选取和高职学生有共性的工匠人物，激发学生投身改革创新实践的积极性，让学生争做时代精神的弘扬者和践行者，自觉增强改革创新的能力本领。

**环节三：课后总结提升**

教师活动：通过学习通发布课后教学任务，要求学生以"扬精神之力，育时代匠心"为主题，撰写研学报告。

学生活动：自行组建研学小组，收集相关文献资料，撰写3000字左右的研学报告。

设计意图：进一步夯实学生的理论基础，提高学生运用理论指导实践的能力，提升教学效果。

### （二）课堂小结

改革创新是当代中国最突出、最鲜明的特点，也是新时代中最响亮的时代之声，是时代精神的核心。当代大学生应当在全面深化改革的伟大实践中发扬改革创新精神，树立改革创新的自觉意识，增强改革创新的能力本领。要准确识变、科学应变、主动求变，深刻理解"空谈误国"，积极投身"实干兴邦"，服务人民，奉献社会，实现人生价值。争做时代精神的弘扬者和践行者，成为能够堪当民族大任的技术技能人才、能工巧匠、大国工匠，做改革创新的生力军。

### （三）板书设计

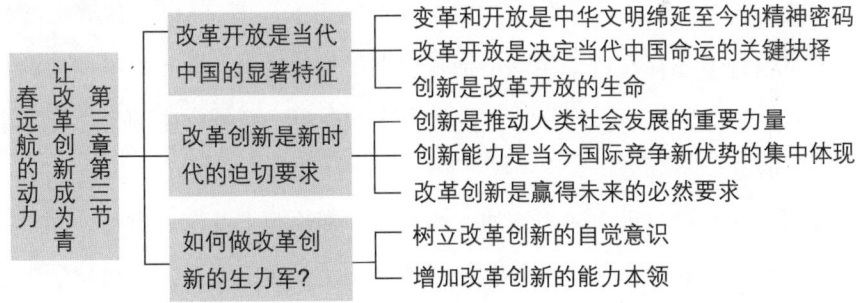

### （四）作业设计

学生自行组建研学小组，以"扬精神之力，育时代匠心"为主题，通过收集相关文献资料，撰写3000字左右的研学报告。

### （五）参考资料

[1]《改革开放简史》，人民出版社、中国社会科学出版社，2021年。

[2]习近平：《在庆祝改革开放40周年大会上的讲话》，人民出版社，

2018年。

[3]《改革开放关键一招》，https://tv.cctv.com/2018/12/14/VIDAxZxCbPOSbm EgK1JNrSut181214.shtml.

[4]《大国工匠》，https://m.news.cntv.cn/2015/09/29/ARTI1443539528727609.shtml.

## 八、教学总结与反思

### （一）教学效果

在教学过程中，学生的参与度较高，教师紧跟时事政治，用学生听得懂的案例和有强烈震撼力的视频资料串联晦涩难懂的理论知识，增强学生学习兴趣，达到预期教学效果。通过研学报告可以看出同学们对于时代精神的认同感，很好地完成了教学目标，教学效果良好。

### （二）教学追踪

通过课后线上学习讨论和教学反馈，学生们纷纷表达了自己立志成为国家所需要的技能型人才的远大理想。部分学生积极参加高校职业技能大赛，并在比赛中发扬工匠精神，取得不错的成绩。

### （二）教学反思

教学设计上还存在过于注意个别知识点的具体讲解，对于教学内容的系统性和完整性把握不够，过分关注教材内容的覆盖，忽视学生的个性化需求和反馈的情况。

今后，在教学过程中适当增加一些重要的理论观点并深入讲解。同时，引导学生通过自主学习和查阅文献资料的方式完善知识体系，增加与学生之间的交流互动，真正做到有的放矢、因材施教。

# 弘扬中国精神　争做时代先锋

鞍山职业技术学院　王丽萍

## 一、课程基本信息

**主讲课程**：思想道德与法治

**使用教材版本**：高等教育出版社（2023版）

**教材章节出处**：《思想道德与法治》第三章第一节《中国精神是兴国强国之魂》

## 二、教学设计概述

### （一）设计理念

落实立德树人根本任务，坚持"教、学、研、行"一体化教学理念，从红色研学、理论讲授、合作探究、社会实践四个模块对学生进行全方位协同育人，发挥学生主体与教师主导作用，将本地红色文化、劳模精神融入教学，教学内容与专业相结合、理论与实践相结合、线上与线下相结合，体现专业特色，凝聚育人合力，打造"大思政课"育人立交桥。

### （二）设计思路

围绕立德树人根本任务，结合高职学校学生特点和专业特色，依据人才培养方案和课程标准，设计教学内容。

1.课前——感知中国精神。线上与线下相结合，开展红色研学。利用"学习通"平台布置学习任务，小组研学参观鞍山红色景点，自主学习慕课上的教学资源，增强对中国精神的感性认知。

2.课中——领悟中国精神。教学内容与专业相结合，通过理论讲授和合作探究，理解中国精神和时代精神的科学内涵。将红色资源融入教学，通过启发式提问，案例分享，激发学生爱国热情，厚植家国情怀。将劳模文化融入教学，通过沉浸式体验，学生展示研学成果，弘扬劳模精神。

3.课后——践行中国精神。理论与实践相结合，教师带领学生开展宣讲和志愿服务等社会实践活动，将中国精神内化于心、外化于行。学校已成立由思政教师指导的大学生宣讲团和大学生思行社，教师带领学生深入社区、企业、学校，开展大学生志愿服务和中国精神宣讲活动，深受社会好评。

（三）特色与创新

1.运用"三进三结合"模式，凝聚育人合力。三进，即社会热点进课堂、数字资源进课堂、红色文化进课堂；三结合，即教学内容与专业相结合、理论与实践相结合、线上与线下相结合。

2.依据课程标准的内容分析，循序渐进、螺旋上升设计课程目标。选取贴近学生思想、学习和生活实际案例，抓住学生关注点，提高"抬头率"。引导学生了解中国共产党人的精神谱系，理解中国精神和劳模精神的丰富内涵，实现中国梦必须弘扬以爱国主义为核心的民族精神和以改革创新为核心的时代精神。

3.教学内容与专业相结合。机械、电气专业人才培养方案需要具备适应新时代中国特色社会主义现代化建设的艰苦奋斗、热爱劳动、热爱创造的品质，将劳模文化融入思政课教学。开展沉浸式体验，利用鞍钢博物馆等红色景点开展研学，同时选取劳模、工匠的典型案例，优秀毕业生事迹作为讲解材料，弘扬劳模精神。

4.红色文化薪火相传。鞍钢是新中国钢铁工业的长子，红色资源丰富，本课利用线上线下的红色实地资源，通过慕课学习和实地研学，让学生主动了解孟泰、雷锋、王崇伦等劳模的先进事迹并制作宣讲微视频，厚植家国情怀。

## 三、学情分析

### （一）班级概况

授课班级学生为2023级机械专业学生，多为由中职入学的学生，理论基础知识相对薄弱，学习热情不高，但动手能力强，思维活跃，具备一定的信息搜索和团队协助能力，便于实践活动的开展。

## （二）知识储备

中职学习阶段比较注重职业素养的培养，利于学生主动了解工匠、劳模事迹。学生掌握一定的思想政治理论知识、科学文化基础知识，有了一定的知识储备，便于学生在课前收集相关资料，在线学习慕课，感悟中国精神，课上通过自主学习和合作探究理解中国精神和劳模精神的内涵。

## （三）能力水平

学生初步具备探究学习、终身学习、分析问题和解决问题的能力；具有良好的语言、文字表达能力和沟通能力；具备良好的团队协作能力；具备一定的创新能力；具有一定的信息技术应用能力。这些能力便于学生在课前参与团队研学和小组探究，制作宣讲微视频，课后参与宣讲和志愿服务等实践活动。

# 四、教学目标

## （一）知识目标

通过理论讲授、沉浸式体验，启发式提问、案例分析等教学方法的运用，使学生理解以爱国主义为核心的民族精神的内涵，弘扬中国精神。通过红色研学、慕课学习，学生分组展示研学成果、制作宣讲视频，理解劳模精神的内涵，弘扬新时代劳模精神。

## （二）能力目标

通过实践研学，以小组合作、自主探究等学习方法，培养学生探究学习、终身学习、分析问题和解决问题的能力。培养良好的语言、文字表达能力，沟通能力和良好的团队协作能力。

## （三）素质目标

通过大学生宣讲和志愿服务等社会实践活动，引导学生将中国精神、劳模精神内化于心、外化于行，践行中国精神，提升职业素养，厚植家国情怀。

只有打好组合拳，才能讲好思政课。思政课要与学生专业相结合，机械制造专业是我校的品牌专业，本专业注重培养学生具有一定的科学文化水平，良好的人文素养、职业道德和创新意识，精益求精的工匠精神，拥有较强的就业能力和可持续发展的能力，掌握本专业知识和技术技能，培养面向企业需求，能够从事机械加工、机械制造等工作的高素质技术技能人才。爱岗敬业、勇于创新、甘于奉献是新时代人才必备的职业素养，所以本课在讲授中国精神的同时，融入劳模文化，弘扬中国精神和新时代劳模精神。

## 五、教学重点难点

### （一）教学重点：中国精神的丰富内涵

中华民族能够在5000多年的历史长河中生生不息、薪火相传，一个很重要的原因就是拥有孕育于中华民族悠久辉煌历史文化之中的伟大中国精神。只有深刻理解中国精神的丰富内涵，厚植家国情怀，才能更好地传承和弘扬中国精神。这是本节课的重点内容。

### （二）教学难点：如何弘扬时代精神

新时代大学生置身于实现中华民族伟大复兴的时代洪流，应当以时代使命为己任，学好专业知识，增强创新、创造的能力和本领，提升职业素养，做改革创新的实践者。将劳模精神贯穿于实习实践中，落实到行动上，做到知行合一，为服务地方经济贡献青春力量。这是本节课的难点内容。

## 六、教学设计总体思路

### （一）设计思路

坚持"教、学、研、行"一体化教学理念，采用"教学互动，理实一体"的教学思路。课前线上与线下相结合，通过红色研学感知中国精神，课中教学内容与专业相结合，通过理论讲授和合作探究领悟中国精神，课后理论与实践相结合，通过社会实践践行中国精神。体现专业特色，凝聚育人合力，打造"大思政课"育人立交桥。

## （二）教学方法

根据高职学生及专业特点，结合本课教学内容，采用线上线下混合教学、案例教学、启发式教学等方式发挥教师主导作用，运用任务驱动式、小组合作探究式、实践体验式等学习方法发挥学生主体作用。

## （三）教学手段及资源

整合校内校外、线上线下教学资源，运用多样化先进技术手段开展教学。利用"学习通"教学平台开展线上教学，包括微课、慕课、在线题库等教学资源，以及"学习强国"等多种信息化学习资源；借助本地红色资源，如鞍钢博物馆、孟泰纪念馆、王崇伦纪念馆，学校的国防教育展馆、党建广场等爱国主义教育基地等开展实践教学和社会实践活动，达到"教、学、研、行"一体化。

# 七、教学过程

## （一）教学流程设计

### 环节一：课前实践研学——感知中国精神

教师活动：带领学生参观鞍山红色景点，如鞍钢博物馆、孟泰纪念馆、王崇伦纪念馆、雷锋塑像等。

学生活动：

1.完成实践研学，撰写心得体会，制作微视频，课上与大家分享。

2.结合教材利用慕课等资源自主学习中国精神的丰富内涵。

设计意图：通过实践研学，调动学生积极性，激发学习热情，增强对红色资源的认知。让学生通过"学习通"平台慕课学习丰富知识，增强对中国精神的感性认同。

### 环节二：课堂教学——导入新课

教师活动：

1.播放视频《这才是中国青年该有的模样》。

2.提出问题：你眼中的中国精神是什么？

学生活动：观看视频并回答问题。

教师活动：不同时代的中国青年用自己的实际行动践行中国精神。

设计意图：用视频资料激发学生学习兴趣，引发学生深入思考，导入本课主题。

**环节三：课堂教学——中国精神的丰富内涵①以爱国主义为核心的民族精神**

教师活动：你是中国人吗？你热爱自己的祖国吗？你希望自己的祖国好吗？

学生活动：我是中国人！我热爱自己的国家！我愿祖国繁荣昌盛！

教师活动：

1.带领学生齐唱歌曲《我和我的祖国》。

2."学习通"发布讨论：民族精神的优秀品质有哪些？

学生活动：

1.齐唱歌曲《我和我的祖国》。

2.在"学习通"回答问题。

教师活动：

1.请同学们结合课前预习内容，谈谈对"四个伟大"的理解。

2.结合学生回答有针对性地讲解"四个伟大精神"①伟大创造精神；②伟大奋斗精神；③伟大团结精神；④伟大梦想精神。

学生活动：按照慕课预习的内容和小组分配的任务，结合案例分别就"四个伟大精神"的科学内涵加以阐释。

教师活动：中国人民用勤劳和智慧书写了辉煌的中国历史，培育铸就了独特的中国精神。伟大创造精神、伟大奋斗精神、伟大团结精神、伟大梦想精神，是传承中华民族的宝贵精神基因，是对中国精神内涵的系统阐释。

设计意图：通过沉浸式体验、启发式提问，激发爱国热情，营造良好氛围。突出学生主体地位，检验学生预习效果，针对性讲解中国精神内涵。

**环节四：课堂教学——中国精神的丰富内涵②以改革创新为核心的时代精神**

教师活动：

1.播放视频：习近平总书记参观沈阳新松机器人有限公司。

2.习近平总书记本次考察给我们哪些启示？

学生活动：观看视频，小组讨论并回答问题。

教师活动：①树立突破陈规、大胆探索、勇于创造的思想观念；②培养不甘落后、奋勇争先、追求进步的责任感和使命感；③保持坚韧不拔、自强不息、锐意进取的精神状态。

设计意图：通过习近平总书记的辽宁之行，传达时代精神的核心要义，引导学生弘扬时代精神，强化责任担当意识。

**环节五：课堂教学——弘扬时代精神①理解劳模精神的内涵**

学生活动：分享鞍钢老英雄孟泰的故事。

教师活动："爱岗敬业、争创一流"是劳模精神的本质特征，体现了劳模对国家、社会、职业的高度责任感、使命感和舍我其谁的主人翁精神。

学生活动：分享走在时间前面的人——王崇伦的故事。

教师活动："艰苦奋斗、勇于创新"是劳模精神的品质，劳动模范是辛勤劳动、诚实劳动、创造性劳动的积极实践者，踏踏实实、奋发图强、勇于挑战、敢为人先，在实现中华民族伟大复兴的历史征程中埋头苦干、求真务实、创新创造。

学生活动：分享永不生锈的螺丝钉——雷锋的故事。

教师活动："淡泊名利、甘于奉献"是劳模精神的价值追求，彰显了劳模心甘情愿、默默坚守、身心投入，不求声名和个人私利的品格。

学生活动：学生分组展示研学成果，宣讲鞍钢劳模的故事。

教师活动：结合学生作品分别点评，讲解劳模精神的内涵。

设计意图：本部分内容通过小组展示研学成果，分享鞍山劳模故事，带领同学们感受鞍山这座城市的劳模文化；诠释劳模精神的内涵，弘扬劳模精神。

**环节六：课堂教学——弘扬时代精神②对当代大学生的启示**

教师活动：你还知道哪些劳模的故事？他们身上体现了哪些中国精神？具备哪些优秀品质？

学生活动：小组讨论并作答。

教师活动：学好技能，掌握本领，弘扬劳模精神，工匠精神，努力成为新时代的大国工匠。

设计意图：让学生通过自觉寻找鞍山的劳模和身边的最美奋斗者，并从他们身上汲取前行的力量，把对劳动的热爱融入到学习和将来的工作中，努力成为新时代的大国工匠，为新时代辽宁全面振兴贡献青春力量。

**环节七：课后实践——践行中国精神**

教师活动：开展丰富多彩的社会实践活动，做学生的思政导师。

学生活动：

1.成立大学生宣讲团。开展《寻找身边的大国工匠》《弘扬中国精神，讲好红色故事》微视频宣讲活动，利用重要的时间节点，组织学生深入社区、企业等进行宣讲，讲好中国故事。

2.成立郭明义爱心团队鞍山职业技术学院分队，利用课余时间到社区、街道、千山景区等地参加各种志愿服务，受到社会好评。

3.参加技能大赛，发扬劳模精神、工匠精神，对技术精益求精，取得优异成绩。

4.参加企业实践，勤奋刻苦、脚踏实地、敬业奉献，受到企业好评。

**（二）课堂小结**

本节课重点学习了中国精神的丰富内涵，我们充分利用了鞍山本地的红色资源，对劳模精神、工匠精神、创新精神、雷锋精神等有了更深刻的体会，尤其是学习了劳模精神，希望同学们从劳模身上汲取前行的力量，课后通过各种形式的实践活动将中国精神落实于行。能把对劳动的热爱融入到学习和将来的工作中，弘扬劳模精神，提升职业素养，规划自己的成才之路，成为新时代的大国工匠。

## （三）板书设计

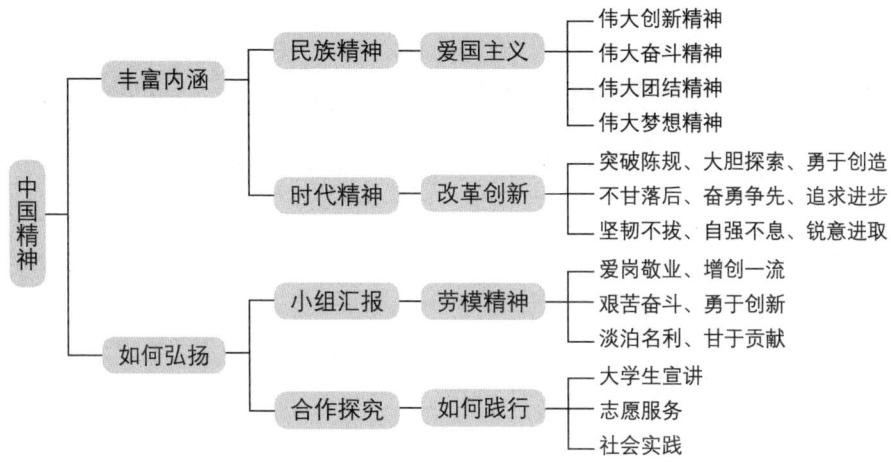

## （四）作业设计

请同学们将本节课所学内容内化于心、外化于行，用实际行动践行中国精神，弘扬劳模精神。请在业余时间完成一次志愿服务或开展一次宣讲活动，并填写社会实践报告上交"学习通"。

## 八、教学总结与反思

成功之处：坚持"教、学、研、行"一体化教学理念，发挥教师主导与学生主体作用，教学内容与专业相结合、理论与实践相结合、线上与线下相结合。从红色研学、理论讲授、团队探究、社会实践四个方面对学生进行全方位协同育人，充分利用鞍山红色资源，将劳模事迹融入教学，引导学生崇尚劳动，弘扬劳模精神，提升职业素养，规划自己的成才之路。

存在的问题：部分学生参与的积极性不高；学困生的"困难点"抓得不够准，不够全面；没有实现全员参与。

解决的方法：制定出科学合理的辅导计划，用足够的爱心和耐心，树立学困生学习的自信和兴趣，从根本上解决问题，达到全员参与的目标，让思政课既有温度又有深度，真正走进每一位学生的心里。

# 从"新明辉在创新中的蝶变"读懂<br>让改革创新成为青春远航的动力

沈阳航空航天大学　郑　州

## 一、课程基本信息

　　**主讲课程**：思想道德与法治

　　**使用教材版本**：高等教育出版社（2023版）

　　**教材章节出处**：《思想道德与法治》第三章第三节《让改革创新成为青春远航的动力》

## 二、教学设计概述

### （一）设计思路

　　讲好思政课，让思政课入脑入心并取得一定的效果，关键在于如何激活课堂，打动学生。本节课在教学设计上，跳出教材讲一个故事，从中提炼其精神内涵，进而回归教材引出授课主题——让改革创新成为青春远航的动力。在课堂组织上，坚持以学生为主体，通过两个教学环节，即知识理论讲授环节和启发总结教学环节，采取小组讨论、师生互动等形式完成本堂课教学内容。

### （二）理论依据

　　2019 年 3 月，习近平总书记在学校思想政治理论课教师座谈会上指出，会讲故事、讲好故事十分重要，思政课就要讲好中华民族的故事、中国共产党的故事、中华人民共和国的故事、中国特色社会主义的故事、改革开放的故事，特别是要讲好新时代的故事。思政课老师要善于讲好中国故事，

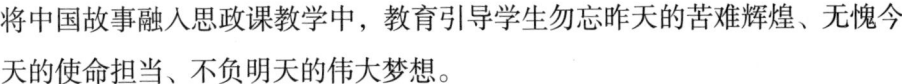

将中国故事融入思政课教学中，教育引导学生勿忘昨天的苦难辉煌、无愧今天的使命担当、不负明天的伟大梦想。

### （三）设计特色

让改革创新成为青春远航的动力是《思想道德与法治》第三章《继承优良传统　弘扬中国精神》中第三节的内容，我选择的故事是"新明辉在创新中的蝶变"。故事来源于2023年全国高校思想政治理论课教师研修班实地考察的一个案例。关于改革创新的案例很多，励志人物也很多，要想打动学生最好选择离学生近的案例，为此寻找贴近学生身边的故事，挖掘近几年正在发生的故事就显得尤为关键。故事选得好，更容易讲到学生心里去，会让学生有更多的思考和感触。

## 三、学情分析

关于弘扬以改革创新为核心的时代精神是大中小学思政课统编教材一以贯之的重要内容。讲好本科阶段的"弘扬时代精神"务必要了解大学生现有的知识储备、思想特点和能力水平。为此需要深入研究各学段育人目标、教学理念的一致性和内容衔接的科学性。大一新生正处于敢闯敢拼的年纪，从知识储备上来看，在小学阶段接受过创新情感的启蒙，在初中学段接受过创新精神传承的教育，在高中学段接受过创新思维的培养，普遍具有较好的改革创新意识基础。然而，作为信息时代的原住民，大部分学生对网络信息的搜集普遍敏感，却缺乏对新信息进行思考和整理的能力，对创新更多的是灵感一现，而付诸实践的能力和自信少之甚少。因此，在大学阶段则要更加注重培养学生独立思考和动手实践能力，启发学生在弘扬时代精神和勇担创新使命过程中，如何立足自身实际增强改革创新的意识、信心和责任感，引导学生敢于承担改革创新的时代责任，用实际行动去实现中华民族伟大复兴的神圣使命。

## 四、教学目标

### （一）价值目标

增强改革创新的意识、信心和责任感，理解创新是引领发展的第一动力，理解做改革创新生力军的行为要求，提高对中国精神的理论认识和实践理解，培养敢于承担改革创新的时代责任。

## （二）知识目标

把握以改革创新为核心的时代精神，深刻理解改革开放是伟大革命和关键抉择，明确改革创新的新时代要求和重要意义，提高对中国精神的理论认识和实践理解，增强改革创新的能力本领。

## （三）能力目标

培养掌握基本的创新思维和方法，立足自身实际提升改革创新的实践能力；具备根据给定主题进行网络信息的快速搜索、筛选鉴别和分析整理能力，并能够有条理地表达；增强改革创新的意识和信心，敢于承担改革创新的时代责任。改革创新的时代责任，以实现中华民族伟大复兴为神圣使命。

# 五、教学重点难点

## （一）教学重点

1.解释说明改革开放是当代中国的显著特征。

2.阐释改革创新的重大意义。

3.明确做改革创新生力军的具体行为要求。

## （二）教学难点

1.改革创新是时代要求。

2.当代大学生如何做改革创新生力军？

# 六、教学设计总体思路

讲好思政课，让思政课入脑入心并取得一定的效果，关键在于如何激活课堂，打动学生。本节课在教学设计上，跳出教材讲一个故事，从中提炼其精神内涵，进而回归教材引出授课主题——让改革创新成为青春远航的动力。课堂组织上坚持以学生为主体，主要运用多媒体手段组织教学，借助图片、视频等形式穿插使用讲授法、提问法、互动法、讨论法、案例法，开拓学生思维，激发情感体验，提高学习效果。本节课共完成两个教学环节，即知识理论讲授环节和启发总结教学环节。根据本科学段培养特点和要求，启发学生立足自身实际，增强改革创新的意识、信心和责任感，敢于承担改革创新的时代责任，用实际行动去实现中华民族伟大复兴的神圣使命。

## 七、教学过程

### （一）教学流程设计

**环节一：理论知识点教学**

教师活动：

1.通过讲解"新明辉在创新中的蝶变"故事，展现企业主动拥抱新时代的变化而实现的蝶变，说明"不断求变求新"的企业家精神是最终取得成功的秘诀。

2.介绍案例后，组织学生讨论思考第一个讨论题：改革创新何以成为时代精神的核心？充分发挥学生课堂主体意识，鼓励学生积极思考并整理讨论成果举手发言。

3.点评并总结学生讨论成果后，结合教材进行知识点讲授：①改革开放是当代中国的显著特征；②改革创新是新时代的迫切要求。

4.习近平指出，科技是国之利器，国家赖之以强，企业赖之以赢，人民生活赖之以好。中国要强，中国人民生活要好，必须有强大科技。目前，在激烈的国际竞争中，唯创新者进、唯创新者强、唯创新者胜，当今世界牵住了科技创新这个牛鼻子，谁走好了科技创新这步先手棋，谁就能占领先机，赢得优势。

学生活动：讨论并整理讨论成果，积极发言。

设计意图：通过导入案例引发学生思考改革创新何以成为时代精神的核心，引出教材上的两个理论知识点。

**环节二：启发总结式教学**

教师活动：

1.播放"新明辉模式"的采访视频，通过直观的视频进一步介绍案例并启发学生回答"新明辉模式"成功的具体做法。

2.一是新明辉顺应时代潮流，主动求变，放弃传统门店经营模式，入驻淘宝、京东、阿里巴巴第三方平台；二是面对成熟的第三方平台，新明辉仍花费十年的时间研发自己的数字化信息平台；三是新明辉在研发星云系统时，面对人才紧缺、时间漫长、成功与否都是未知的难题，敢于挑战，坚持到最后成功研发。

3.设置第二个讨论题：如何争做堪当民族复兴重任的时代先锋？

4.树立改革创新的自觉意识。

（1）要增强改革创新的责任感。改革创新表现为一种不甘落后、奋勇争先、追求进步的责任感和使命感。在时代大潮中，有人选择安于现状、不思进取、随波逐流，有人则意气风发、力争上游、拼搏进取。做第二种选择，除了信心和勇气外，更在于是否具有为推动社会发展进步贡献力量的责任担当。改革创新充满艰辛、奉献甚至牺牲，没有强烈的责任感，很难克服和战胜改革创新过程中的艰难曲折。大学生要以时不我待、只争朝夕的紧迫感投身改革创新的实践，服务人民，奉献社会，实现人生价值。

（2）要树立敢于突破陈规的意识。陈规最易束缚人的思维和手脚，创新创造的过程中往往充满艰辛。要创新就要有强烈的创新意识，凡事要有打破砂锅问到底的劲头，敢于质疑现有定论，勇于开拓新的方向；敢于大胆探索尝试，善于观察发现、思考批判，不唯书、不唯上、只唯实，这是大学生在学习与实践中创新创造的重要前提。

（3）树立大胆探索未知领域的信心。创新就是要走前人没有走过的路。要创新，就要有强烈的创新自信。未知领域可能是人类认识的盲区，也可能是人类实践的处女地。未知常常令人心生怯意，人们常常因充满未知的风险而停下探索和求新的脚步，但未知领域也往往蕴含着发现的沃土和创新的机遇。"路漫漫其修远兮"，也最需要"上下而求索"的勇气。青年应是常为新、敢创造，不等待、不观望、不懈怠，勇做改革创新的生力军。

5.增强改革创新的能力本领。

（1）我们要夯实创新基础：不能空谈改革、坐论创新。改革创新之所以能够推陈出新，提出前人不曾提出的新思想，推出令世人敬仰叹服的新创造，一个重要的原因就在于改革创新者具有扎实的专业知识基础。缺乏深厚的专业知识积淀，盲目追求改革创新，往往容易流于不切实际的空想，或者是"无知者无畏"的蛮干。无视或轻视专业知识学习，不可能担负改革创新的重任。大学生作为改革创新的生力军，应从扎实系统的专业知识学习起步和入手，不能好高骛远，空谈改革创新。

（2）我们要培养创新思维：灵动而开放，发散而多维。创新思维与守旧思维的区别在于：守旧思维往往求同、模仿，创新思维则注重求异、批判而不甘落入窠臼和俗套；守旧思维被动回答问题，创新思维善于发现问题；守旧思维往往机械、线性、封闭，创新思维则灵活而开放、发散而多维；守旧思维提出的观点人们往往因熟悉而易于接受，创新思维则常常因"异想天开"而被怀疑甚至嘲讽。大学生在专业学习与社会实践中应自觉培养创新思维，勤于思考，善于发现，勇于创新。

（3）我们要投身创新实践：实践出真知，实践长才干。当代大学生既置身于世界新一轮科技革命和产业变革同我国转变发展方式的历史性交汇期，又置身于我国全面建设社会主义现代化国家的新征程，我们要积极地做参与者、建设者而不是旁观者，应当在全面深化改革的伟大实践中发扬改革创新精神，增强改革创新的意识，锤炼改革创新的意志，提高改革创新的能力，勇做改革创新的实践者和生力军。

学生活动：积极参与讨论和互动，并积极发言。

设计意图：通过对案例进一步深入了解和分析，教育学生树立改革创新的自觉意识，使其增强改革创新的能力本领，启发其要以强烈的使命感、责任感，奋进新征程、建功新时代，继续当好改革开放排头兵、创新发展先行者。

## （二）课堂小结

实现中华民族伟大复兴的中国梦，必须弘扬中国精神。对于弘扬时代精神，让改革创新成为青春远航的动力，不能只停留在书本上，不能只装在脑袋里，还应该落实到行动上，做到知行合一、以知促行、以行求知。纵观世界历史，许多重要的创造都是产生于创造者风华正茂、思维最敏捷的青年时期，青年往往朝气蓬勃、思维活跃，好奇心强、求知欲盛，敢于尝试新生事物，这些都是有利于青年学生创新创造的重要条件。纸上得来终觉浅，绝知此事要躬行。当代大学生担当着民族复兴的时代使命，是改革创新的主力军，要争当改革创新的促进派，做有理想、有学问、有才干的实干家。同学们要从日常点滴做起，乘风破浪、击楫奋进，努力为理论创新、制度创新、科技创新、文化创新等做出应有的贡献，用实际行动展现出中国精神的青春风采，在新时代干出一番新事业，用奋斗书写无悔人生。

（三）板书设计

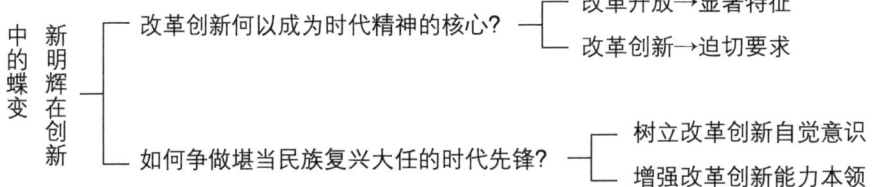

（四）作业设计

请结合自身专业联系实际，谈谈大学生如何走在改革创新的时代前列。

（五）参考资料

[1] 习近平：《在庆祝改革开放40周年大会上的讲话》，人民出版社，2018年。

[2]《改革开放关键一招》，中共中央宣传部理论局、中共北京市委宣传部、北京广播电视台，2018年。

[3]《创新之路》，国家科学技术部、中央电视台，2016年。

[4]《中共中央关于党的百年奋斗重大成就和历史经验的决议》，人民出版社，2021年。

[5] 中共中央宣传部：《习近平新时代中国特色社会主义思想学习纲要》，学习出版社、人民出版社，2019年。

## 八、教学总结与反思

根据本堂课的教学目标达成情况、知识讲授情况、学生接受情况及学生评价情况等，在以下几个方面进行教学反思。

### （一）认知目标

根据学生对所选教学案例和典型教学视频等的反应和回馈，结合学生专业特点，调整并选取学生专业领域内的科技创新案例，尽可能让学生感兴趣并贴近学生实际，引发学生共鸣。

### （二）教学环节设计

考虑到课程推进应符合学生课堂注意力集中的规律，让课堂节奏有张有弛，故在两次集中内容讲解过程中安排学生小组讨论环节，鼓励学生敢于自由发表见解。从实施效果来看，学生的理性思辨力还有待加强，教学内容的广度和深度还有待进一步深挖。

### （三）教学互动

尽可能对学生的发言及时评价，强化正向引导，一方面很好地调动课堂气氛；另一方面帮助学生树立学习的自信心，更有效地完成教学目标。

# 赓续雷锋精神　担当复兴使命

沈阳化工大学　郭苗苗

## 一、课程基本信息

**主讲课程**：思想道德与法治

**使用教材版本**：高等教育出版社（2023版）

**教材章节出处**：《思想道德与法治》第三章《继承优良传统　弘扬中国精神》第一节《中国精神是兴国强国之魂》

## 二、教学设计概述

人无精神则不立，国无精神则不强。精神是一个民族赖以长久生存的灵魂，唯有精神上达到一定的高度，这个民族才能在历史的洪流中屹立不倒、奋勇向前。中华民族能够在5000多年的历史长河中生生不息、薪火相传，很重要的一个原因，就是拥有孕育于中华民族悠久辉煌历史文化之中的伟大中国精神。中国共产党是中国精神的忠实继承者和坚定弘扬者，在长期奋斗中构建起中国共产党人的精神谱系，锤炼出鲜明的政治品格，极大丰富了中国精神的内涵。雷锋精神，就是其中一个鲜明具体的"坐标"，展现了中国共产党人崇高的精神风范。雷锋精神生成在辽宁却跨越地域，走出辽宁、走向全国。雷锋精神体现了中国共产党人的伟大精神品格，彰显了中华优秀传统文化、革命文化、社会主义先进文化的精神实质，在时代进步与社会发展大潮中升华为中国共产党人精神谱系的重要组成部分，成为中华民族精神的重要内容。

第一部分，深化认知。通过介绍雷锋生平、读《雷锋日记》、讲雷锋故事等深化大学生对雷锋和雷锋精神丰富内涵的认识与理解，为增进情感认同进而砥砺行动奠定认识论基础。

第二部分，增进认同。基于大学生思想理论水平、认知能力等方面综合素养全面提升的前提，教师在课程讲授中注重知识性、情感性和学理性的统一，并侧重于从学理上帮助大学生认识雷锋精神的时代价值，明确其作为实现中华民族伟大复兴的强大精神支撑作用，进一步深化对雷锋精神及时代价值的认同，为积极践行雷锋精神奠定情感基础。

第三部分，引导践行。知易行难，行动是检验认知和情感的唯一标准。为引导大学生积极在学习生活中践行雷锋精神，一方面，带领学生到校内"新时代雷锋精神育人中心"开展情景教学，让学生更加真切地感受雷锋精神，接受雷锋精神的洗礼和熏陶；另一方面，鼓励学生在实践中积极践行雷锋精神，将雷锋精神落到实处，促进知行合一，并争做新时代雷锋精神的传承者和弘扬者。

概言之，在教学各环节中，教师始终坚持"以生为本"的教育理念，以人的思想品德形成发展过程为依据，注重知、情、意、信、行等因素的相互渗透和相互促进作用，运用理论讲授法、案例分析法、情景教学法等引导大学生深刻认识雷锋精神的丰富内涵和时代价值，激励学生积极投身传承和践行雷锋精神的生动实践之中，为实现中华民族伟大复兴贡献青春力量。

## 三、学情分析

关于雷锋精神，中小学阶段都有丰富的教学内容和活动设计，学生能够形成对雷锋和雷锋精神的认知与认同，并且能在学习生活中积极践行。但我们要看到的是，这种认同与践行多是由情感驱动的，其背后缺乏科学的理论作为支撑，因而具有一定的不稳定性。

到了大学阶段，与中小学阶段相比，学生综合素质提高、学习能力增强、思想观念多元化、接受新鲜事物能力强，但缺乏辨别能力等。这些特征就使我们必须要立足大学生思想发展规律和成长成才规律，以更加透彻的理论去说服大学生，进一步深化其对雷锋精神实质和时代价值的体认，切实发挥科学认知对大学生情感与行为的坚定支撑和引领作用；使学生在更好地体悟雷锋精神的过程中，引发自身对人生价值等问题的思考，从而以更加饱满的热情投身实现中华民族伟大复兴的历史进程。

## 四、教学目标

### （一）知识目标

通过专题讲授，大学生深化对雷锋精神丰富内涵和时代价值的认识，明确雷锋精神是中国共产党人精神谱系中一个鲜明具体的"坐标"，展示的是中国共产党人崇高的精神风范，是鼓舞和激励中国人民攻坚克难、不断从胜利走向新的胜利的强大精神力量。

### （二）能力目标

通过开展读《雷锋日记》、学习雷锋活动，正确认识雷锋精神在国家发展、社会进步中的重要作用，增强赓续传承伟大民族精神和时代精神的使命担当，养成自觉践行雷锋精神的良好习惯，做新时代雷锋精神的践行者和弘扬者。

### （三）情感目标

通过学习雷锋故事、参观雷锋纪念馆等活动，培养对雷锋精神的深刻认同，认识到雷锋精神因包含热爱党、热爱国家、热爱社会主义的崇高理想和坚定信念而具有永恒价值，是指引人们前行的精神旗帜。

## 五、教学重点难点

### （一）教学重点

本专题教学主要围绕认知雷锋精神、感悟雷锋精神和践行雷锋精神三个主要内容开展。因而，正确认识雷锋精神的丰富内涵、深刻理解雷锋精神的时代价值、明晰新时代践行和弘扬雷锋精神的具体路径是教学重点。

### （二）教学难点

结合授课对象的知识储备和认知水平，本专题的教学难点在于理解雷锋精神在新时代的价值引领作用，特别是其在坚定理想信念、培育良好社会风尚以及助力实现中国梦等方面的指引和激励作用。

# 六、教学设计总体思路

## （一）总体设计思路

在教学各环节设计中，始终坚持"以生为本"的教育理念。本专题以人的思想品德形成发展过程为依据，注重知、情、意、信、行等因素的相互渗透和相互促进作用，遵循"讲雷锋故事—读《雷锋日记》—悟雷锋精神—向雷锋学习"的思路，采用理论讲授法、专题讨论法、情景教学法等进行丰富的教学活动安排。教师以时间线为轴生动地讲述雷锋故事，深化青年学生对雷锋的认识；组织学生以小组为单位读《雷锋日记》，感受雷锋的人格魅力和雷锋精神的思想伟力，不断增进思想认同。从理论上总结阐释雷锋精神的时代内涵及其价值，引导学生从学理上把握雷锋精神作为中国共产党人精神谱系的重要地位和作用，增进理论认同。鼓励引导学生在实践中积极践行雷锋精神，促进知行合一，做新时代雷锋精神的传承者和弘扬者。

## （二）教学方法

1.理论讲授法。教师利用理论讲授法，深入分析雷锋精神的丰富内涵和时代价值，深化学生对这一精神的认识，增强理论认同。

2.专题讨论法。教师围绕雷锋故事组织学生开展讨论，并以小组的形式交流发言，帮助学生更加真切地感受雷锋身上的崇高品质，自觉向雷锋学习。教师在交流发言后进行总结，进一步深化学生的情感认同。

3.情景教学法。以学校"新时代雷锋精神育人中心"为依托，组织学生实地进行参观学习，通过"师生共上一次课"的形式，将书本上的雷锋以更加具体、生动的形式展现在学生面前，并通过深度的参观和系统的讲解使雷锋的形象和雷锋精神刻在青年学生的心里。

4.案例教学法。在本次授课中，一方面教师通过一个个生动的雷锋故事来挖掘其背后蕴含的雷锋精神；另一方面，教师也要引用当代雷锋故事，引导青年学生认识到雷锋精神从未过时，在新时代新征程上，我们必须坚定地继承和弘扬雷锋精神。

# 七、教学过程

## （一）教学流程设计

### 环节一：导入新课

**教师活动**：以雷锋的图片导入，向学生提问：他是谁？他做了哪些事情？他身上有什么样的品质值得我们学习？我们今天还需要他身上的这些品质吗？

**学生活动**：

1.积极回答问题。

2.思考雷锋精神的内涵和时代价值。

**教师活动**：人无精神则不立，国无精神则不强。精神是一个民族赖以长久生存的灵魂，唯有精神上达到一定的高度，这个民族才能在历史的洪流中屹立不倒、奋勇向前。中华民族能够在5000多年的历史长河中生生不息、薪火相传，很重要的一个原因，就是拥有孕育于中华民族悠久辉煌历史文化之中的伟大中国精神。中国共产党是中国精神的忠实继承者和坚定弘扬者，在长期奋斗中构建起中国共产党人的精神谱系，锤炼出鲜明的政治品格，极大丰富了中国精神的内涵。雷锋精神，就是其中一个鲜明具体的"坐标"，展现了中国共产党人崇高的精神风范。

**设计意图**：以提问的方式引发学生学习思考兴趣，为深入认识雷锋和雷锋精神奠定基础。同时，引出中国精神和时代精神等概念，明确雷锋精神与时代精神内涵的高度契合性以及价值的一致性。

### 环节二：深化认识

**教师活动**：

1.讲述雷锋生平。

雷锋于1940年12月18日出生在湖南省望城县一个贫苦的农村家庭，在不满7岁时就成了孤儿。1956年夏天，他小学毕业，在毕业典礼的发言中，他毅然要求留在农村，为建设社会主义新农村贡献自己微薄的力量。

1960年1月8日，雷锋接到了入伍通知书。新兵训练结束后，他被分到运输连成为一名普通的汽车兵。同年8月，驻地抚顺发洪水，运输连接到抗洪抢险命令。雷锋忍着刚刚参加救火被烧伤的手的疼痛，又和战友们在上寺水库大坝连续奋战了七天七夜，荣获了一次二等功。11月8日，雷锋光荣地加入了中国共产党。

1962年8月15日上午8点多，雷锋，这个劳动人民的好儿子，中国共产党的优秀党员，因意外和我们永别了，年仅22岁！

雷锋虽然离开了我们，但是他的崇高品质却仍然具有巨大的精神力量，指引我们继续前行。

2.讲述雷锋故事。

（1）大方与小气

雷锋入伍时有200元的积蓄，他把100元捐献给公社。后来，辽阳地区遭受水灾时，他又将剩下的100元寄给了辽阳市委。雷锋入伍当年，每月有6元的津贴，他全用在了做好事上，而他自己的袜子补了又补，平时连一瓶汽水都舍不得喝。

（2）一心为他人

在部队里，雷锋对待同志像春天般温暖，帮助同班战友乔安山认字、学算术，为小周病重的父母写信寄钱，为小韩缝补棉裤。每逢过年过节，雷锋想到服务和运输部门最忙，便叫上同班战友直奔附近的瓢儿屯车站，帮着打扫候车室，给旅客倒水。

这两个故事只是雷锋日常生活中最平常的小事，他始终将为人民服务放在心上，落到行动上。

学生活动：

1.认真听讲，积极思考。

2.课堂讨论：如果是你，你会怎么做？

设计意图：教师讲授雷锋生平及雷锋故事，深化学生对雷锋的认识与了解。通过课前访谈得知，大学生虽然十分熟悉雷锋精神，明确其中蕴含的爱国爱党爱社会主义、全心全意为人民服务、干一行爱一行的钻研精神等核心内容。但是，对于雷锋个人、雷锋精神何以形成等知之甚少或已逐渐淡忘。

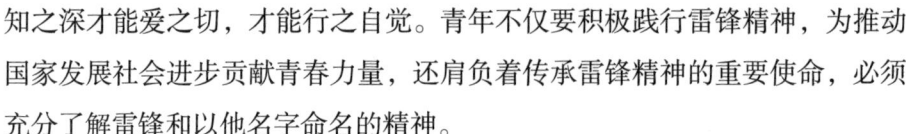

知之深才能爱之切，才能行之自觉。青年不仅要积极践行雷锋精神，为推动国家发展社会进步贡献青春力量，还肩负着传承雷锋精神的重要使命，必须充分了解雷锋和以他名字命名的精神。

**环节三：汇报交流**

教师活动：教师组织学生分小组读《雷锋日记》，并交流心得体会。

学生活动：

小组1:青春啊！永远是美好的，可是真正的青春，只属于这些永远力争上游的人，永远忘我劳动的人，永远谦虚的人。——1959年10月25日

小组2:对待同志要像春天般温暖，对待工作要像夏天一样的火热，对待个人主义要像秋风扫落叶一样，对待敌人要像严冬一样残酷无情。——1960年10月21日

小组3:世界上最光荣的事——劳动。世界上最体面的人——劳动者。——1961年3月16日

小组4:要记住：在工作上，要向积极性最高的同志看齐；在生活上，要向水平最低的同志看齐。——1960年6月5日

小组5:人生总有一死，有的轻如鸿毛，有的却重如泰山。我觉得一个革命者活着就应该把毕生精力和整个生命为了人类解放事业——共产主义全部献出。我活着，只有一个目的，就是做一个对人民有用的人。——1961年10月3日

教师活动：

1.雷锋精神的丰富内涵。

雷锋精神产生于社会主义革命和建设时期，是以雷锋名字命名、以雷锋的言行实质所体现出来的崇高品质为基本内涵、在实践中不断丰富和发展的为人们所敬仰的革命精神。

（1）热爱党、热爱祖国、热爱社会主义是雷锋精神的灵魂所在。雷锋在新中国成立前不幸成为孤儿，新中国成立后成长为新社会的主人。新旧社会的对比使他深切地感受到中国共产党的崇高伟大和社会主义制度的优越性。《雷锋日记》字里行间饱含着爱党、爱国、爱社会主义的炽热情怀，始

终以饱满的热情和充足的干劲投入到工作、学习之中，一心为国家着想，并将自己的爱国报国之志升华为崇高的共产主义理想。

（2）服务人民、助人为乐是雷锋精神的核心要义。"人的生命是有限的，可是，为人民服务是无限的，我要把有限的生命，投入到无限的为人民服务之中去……"这句充满哲理的名言是雷锋崇高境界的真实写照，体现着服务人民、助人为乐的奉献精神，是雷锋精神的本质与核心。"雷锋出差一千里，好事做了一火车"的赞誉，就是他服务人民、助人为乐的生动体现。

（3）干一行爱一行、专一行精一行是雷锋精神的鲜明特色。雷锋一生把工作当作快乐，不怕苦、不怕累，以满腔的热情投入到每一项工作中。他认为："一个人的作用，对于革命事业来说，就如一架机器上的一颗螺丝钉……螺丝钉虽小，其作用是不可估量的。我愿永远做一个螺丝钉。"正是这种甘当"螺丝钉"的态度，使雷锋能够干一行爱一行、专一行精一行，把他"拧"在哪里就在哪里起作用。

（4）锐意进取、自强不息是雷锋精神的突出特征。雷锋热爱学习、善于学习。《雷锋日记》中充满了他要求进步的决心，表现出强烈的进取意识。雷锋认为："人只有不断地努力学习，才不会迷失方向。"无论任何时候，他总是抽出时间学习马列著作和《毛泽东选集》，将毛主席著作比作"粮食、武器、方向盘"。他说："人不吃饭不行，打仗没有武器不行，开车没有方向盘不行，干革命不学习毛主席著作不行！"

（5）艰苦奋斗、勤俭节约是雷锋精神的深厚底蕴。艰苦奋斗、勤俭节约是中华优秀传统美德，在雷锋身上得到了充分体现。雷锋经历了新中国成立初的困难时期和三年自然灾害，他积极响应国家号召，"发扬艰苦朴素、勤俭节约的优良传统，不乱花一分钱，不乱买一寸布，不掉一粒粮，做到省吃俭用，点滴积累，支援国家建设"。

2.雷锋精神的时代价值。

（1）雷锋精神是坚定理想信念的一面旗帜。雷锋精神之所以具有永恒价值，就在于其拥有热爱党、热爱国家、热爱社会主义的崇高理想和坚定信念。当前，国内外不稳定因素显著增加，我国发展正面临前所未有的风险挑战。在此形势下，弘扬与践行雷锋精神，有助于人们在复杂局势面前始终坚定共产主义理想与中国特色社会主义信念，为中国式现代化建设凝聚奋进力量。

（2）雷锋精神是培育良好社会风尚的一座丰碑。随着社会生活节奏的加快，新职业、新业态、新观念不断涌现，弘扬与践行雷锋精神，一方面能够引领人们在日常工作和生活中践行"螺丝钉"精神，形成"干一行爱一行"的优秀品质；另一方面可以促使人们从雷锋勤俭节约、乐于助人的精神品质中汲取力量，从而培育良好社会风尚。

（3）雷锋精神是指引中国梦实现的一盏明灯。中国式现代化是中国共产党领导的社会主义现代化，既有各国现代化的共同特征，更有基于自己国情的中国特色，其中之一就是物质文明和精神文明相协调。怎么在物质富足的同时，实现精神富有，这就需要我们大力发展社会主义先进文化，加强理想信念教育，传承中华文明，特别是要把精神文明落到人人践行社会主义核心价值观上，落到每个人的品行修养上，以更好促进物的全面丰富和人的全面发展。这一过程就是学雷锋的过程，每个人都学雷锋做好事，每个人都崇德向善、见贤思齐，中国式现代化的道德根基就会更加坚实，奋进力量就会更加凝聚。

3.雷锋精神集中体现为热爱党、热爱祖国、热爱社会主义的爱国主义精神，服务人民、助人为乐的奉献精神，干一行爱一行、专一行精一行的敬业精神，锐意进取、自强不息的创新精神和艰苦奋斗、勤俭节约的生活作风。

在新时代，雷锋精神仍具有强大力量，作为大学生，我们要以雷锋为楷模，听党话、跟党走，树立远大理想，厚植家国情怀，积极弘扬雷锋精神，将个人发展融入国家发展，在辽宁振兴中实现青春梦想，在化大腾飞中书写青春华章。

设计意图：文字的力量是更能打动人的。教师通过讲述雷锋生平、讲雷锋故事、读《雷锋日记》等活动安排，总结雷锋精神的丰富内涵和在实现中华民族伟大复兴中的价值。通过组织学生读《雷锋日记》，进一步加深青年学生对雷锋这个生动的人和他身上所体现的精神的理解，激发青年学生尊敬雷锋、崇拜雷锋的深厚感情。同时，雷锋精神既根植于中华优秀传统文化，又与中国共产党的红色文化一脉相承，其所蕴含的崇高理想和优秀品质就像一座巍巍的丰碑，始终指引和激励人们前行。只有深刻认识其丰富内涵和时代价值，才能更好地践行和弘扬新时代雷锋精神，为实现中华民族伟大复兴贡献青春力量。

### 环节四：参观实践

教师活动：

1.组织学生到学校"新时代雷锋精神育人中心"参观。

2.组织学生开展学雷锋活动。

学生活动：

1.到"新时代雷锋精神育人中心"参观。

2.在日常学习生活中践行雷锋精神，总结心得体会。

设计意图：通过实地参观和学习雷锋活动，引导学生将头脑中对雷锋精神的认识落到实践中；并通过实践之后的心得体会总结，帮助学生进一步深化对雷锋精神的理解，真正做到将雷锋精神内化于心、外化于行，知行合一。

### （二）课堂小结

雷锋精神作为中国共产党人精神谱系的重要组成部分，滋养着一代代中华儿女的心灵，为中华民族伟大复兴提供强大的精神支撑，其蕴含的精神追求、道德理想、道德水准是社会主义核心价值观的生动体现。习近平总书记指出："实践证明，无论时代如何变迁，雷锋精神永不过时。"作为新时代青年，我们不仅要深刻把握雷锋精神的时代内涵，用雷锋精神对标自己，做到立足自身岗位，投身国家建设，而且还要自觉主动地传承雷锋精神，让学雷锋在人民群众特别是青少年中蔚然成风，让学雷锋活动融入日常、化作经常，把雷锋精神代代传承下去。

## （三）板书设计

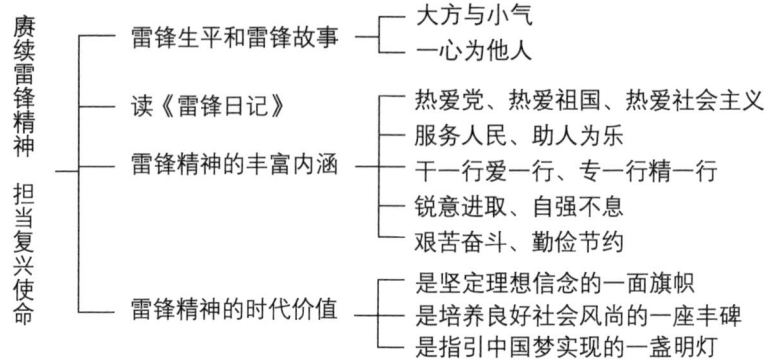

## （四）作业设计

思考题：中国特色社会主义进入新时代，雷锋精神表现出哪些时代内涵？

## （五）参考资料

[1]雷锋：《雷锋日记》，北京联合出版公司，2021年。

[2]中共中央、国务院：《新时代爱国主义教育实施纲要》，人民出版社，2019年。

# 八、教学总结与反思

1.注重结合理论阐释和实例。虽然大学生的认知水平和接受能力显著提升，但为了提升理解效果，在理论阐释中最好结合雷锋故事、《雷锋日记》中的内容加以佐证，帮助青年学生更好地吸收教学内容。

2.注意妥善安排和及时跟进参观活动，避免流于形式。实地参观是为了让学生通过图片、实物等更直观、生动地了解雷锋和雷锋精神，深化认识。因此，在参观过程中，必须有序组织、详细讲解、及时跟进，避免参观活动匆匆走过场，学生无参观体验。

3.要认真检查课后作业。布置的课后思考题，要在下一节课的课前进行检查，必要时可以计入平时成绩，以督促学生的课下认真巩固重要知识，培养思考能力。

# 后 记

　　大中小学思想政治教育一体化建设是个复杂的有机统一体。在伟大的新时代和波澜壮阔的新征程中进一步做好学校思想政治教育工作，我们要积极探索创新推进大中小学思政课一体化建设的具体可行路径。推进大中小学思政课一体化建设需要以习近平新时代中国特色社会主义思想为指导，创新性地贯彻落实党的二十大报告提出的"推进大中小学思想政治教育一体化建设"要求，需要大中小学携手发力齐创新。大中小学思政课在教学内容、教学目标和教学方法等方面各具特色。大学思政课注重理论深度和广度，中学思政课更加注重基础知识和价值观的引导，小学思政课则更加注重启蒙教育和情感培养。因此，本书以"弘扬时代精神融入大中小学思想政治理论课"为主题，充分考虑各学段思政课的特点，遵循学生认知规律和教育教学规律，精选出 27 个精彩教学设计案例，集中展示大中小学思想政治理论课一体化方面的初步探索与实践。这些案例覆盖了劳模精神、雷锋精神、抗美援朝精神、长征精神等多个方面，通过一体化的教学设计，打破了不同学段思政课程的壁垒。教学设计中精选了多个符合学生认知水平和心理特点的案例，实现了教学内容的连贯性和递进性，能够有效提升教学的针对性和有效性，助力学生的思想政治素养和综合能力的提高。一体化的教学设计案例能够丰富大中小学思政课一体化教学资源，有助于教师更新教学理念、改进教学方法，达到启发思政教师一体化教学设计思维的作用，推动思政课教学的创新与发展。

本书在编撰过程中，获得了专家学者、同仁的鼎力相助。主编李洪军负责全面统筹本书的策划、组织工作；胡承波负责协调各方资源和书稿质量监控；王英伟负责对教学案例文本内容进行深度审阅和设计，确保书稿内容的科学性和完整性。参与编写教学案例的老师还有王佳睿、谷飞、华晓芳、宋艳冰、王丽萍、郑州、郭苗苗、王晓姣、吴国鑫、张禹、姜蕊、肖福东、范博、尹璐、孙千惠、李漫雪、唐美微、潘倩倩、陆妍、毕记敏、陈月娇、刘晓玉、曲延芳、于晓清、朱彦、陈栋军、韩艳华。本书获沈阳师范大学马克思主义学院学术著作出版资助，赵美艳院长为本书的编写给予了多次指导、李照和吴琼老师在创作过程中也做了大量工作，在此，对于大家的支持和帮助表示最诚挚的感谢。

加强大中小学思政课一体化教学设计案例建设，对于提升思政课的教学质量、促进学生全面发展具有重要意义。本书是对大中小学思政课教学一体化建设的一个阶段性总结，更是进一步在这一领域深入探索的开始。由于能力有限，书中难免有疏漏和不足之处，诚请各位读者指正！

编　者

2024 月 10 月